JORGE G. CASTAÑEDA
HÉCTOR AGUILAR CAMÍN

Regreso al futuro

punto de lectura

REGRESO AL FUTURO
Copyright © 2010 by Jorge G. Castañeda y Héctor Aguilar Camín

punto de lectura

De esta edición:

    D.R. © Santillana Ediciones Generales, SA de CV
    Universidad 767, colonia del Valle
    CP 03100, México, D.F.
    Teléfono: 54-20-75-30
    www.puntodelectura.com.mx

Primera edición en Punto de Lectura (formato maxi): diciembre de 2010

ISBN: 978-607-11-0851-7

    Imagen de cubierta: Jorge Rosa, Retorno Tassier
    Composición tipográfica: Fernando Ruíz Zaragoza
    Lectura de pruebas: Yazmín Rosas

Impreso en México

Todos los derechos reservados. Esta publicación no puede ser reproducida total ni parcialmente, ni registrada o transmitida por un sistema de recuperación de información o cualquier otro medio, sea éste electrónico, mecánico, fotoquímico, magnético, electróptico, por fotocopia o cualquier otro, sin permiso por escrito previo de la editorial y los titulares de los derechos.

Agradecimientos

Agradecemos los comentarios y la lectura del presente ensayo a Manuel Rodriguez Woog, Cassio Luiselli, Andrés Rozental, Joel Ortega, y la dedicada colaboración de Emma Vassallo. Así mismo agradecemos a la Bolsa Mexicana de Valores, Walmart de México y Centroamérica, El Palacio de Hierro y GNP por el patrocinio para la realización del estudio *Sueños y aspiraciones de los mexicanos* realizado por GAUSSC y LEXIA. También agradecemos la cuidadosa lectura de Luis de la Calle, quien nos permitió limitar el número de imprecisiones que contenía el texto.

Por otra parte, en la página 45 no se menciona el trabajo de Transparencia Mexicana y, peor aún, en la página 103, al referirnos a la Generación del NO, omitimos el crédito de Federico Reyes Heroles.

I. Tamaños y proporciones

So we beat on, boats against the current,
borne back ceaselessly into the past.
(Y así seguimos adelante, botes contra la corriente,
empujados incesantemente hacia el pasado.)

—Francis Scott Fitzgerald, *El Gran Gatsby*

México es un país más grande que el que está en la cabeza de la mayoría de los mexicanos. En *Un futuro para México*, un ensayo publicado hace un año, dijimos que México era preso de su pasado. Añadimos ahora que es preso también de la idea pobre que tiene de sí mismo. Es un país ballena que se sigue creyendo ajolote. Necesita liderato, proyecto, psicoanalista y publicista. A lo largo de este último año, presentando y discutiendo las ideas del ensayo referido, hemos visitado unas 25 ciudades del inmenso país que tenemos —una muestra representativa de los 50 millones de mexicanos, uno de cada dos, que viven en ciudades mayores de 100 mil habitantes (78 millones de personas viven en comunidades de más de 15 mil)—.[1][*] Discutimos con estudiantes de universidades públicas y privadas, con profesionistas y políticos, con periodistas y profesores, con empresarios y creadores, con activistas de la sociedad civil y sindicales. Hablamos con muchas de las víctimas del crimen organizado: ciudadanos y medios de comunicación sacudidos por la amenaza de estas redes, cuya presencia puede sentirse en el aire de algunas ciudades clave del país, más críticamente entre más al norte se vaya y entre más cerca de la frontera se esté. La frontera norte es quizá el nuevo centro de gravitación

---

[1] Ambos datos provienen del Primer Informe de Ejecución del Programa Nacional de Población 2008-2012, Conapo, México, julio 2010, http://www.conapo.gob.mx/publicaciones/informes/primero/Doc_completo.pdf

[*] Hemos discutido estas ideas en Tijuana, Mexicali, Los Cabos, Ciudad Juárez, Chihuahua, Reynosa, Tampico, Ciudad Victoria, Monterrey, Saltillo, Culiacán, Mazatlán, Durango, Guadalajara, Morelia, León, Pachuca, Xalapa, Veracruz, Puebla, Cuernavaca, Acapulco, Oaxaca, Villahermosa, Mérida, Cancún. Y más de 10 presentaciones en diversos foros de la Ciudad de México.

de México. Hacia ella corren las mercancías y las personas, tanto como los problemas.

Nuestra visión del México que visitamos está acotada por esta dimensión urbana, y padece los sesgos y omisiones del caso, pero está lejos de ser una invención. No encierra segundas intenciones: ni la agenda oculta del político que exagera igual cuando habla a favor que cuando habla en contra, ni la de los periodistas que tienen ojos preferentes para el incendio, no para la normalidad. No es beata: nuestras críticas públicas al presente y al pasado abundan; no es interesada: nos va igual de bien o de mal con esta visión o con su contraria. No es completa, pero abarca un buen gajo del país.

1. El país del archivo imaginario

Lo primero que salta a la vista en el recorrido por las ciudades del país es precisamente su tamaño: son parte de un país grande, en el sentido expansivo y prometedor que usan los brasileños para hablar de Brasil: *o país mais* *grande do mundo*. La población de México se ha multiplicado siete veces en un siglo. Sólo 10 países en el mundo tienen más habitantes. Si sumamos los 11 y medio millones de mexicanos que viven en Estados Unidos, somos ya algo más de 121 millones. En 1910, México albergaba a siete habitantes por kilómetro cuadrado, hoy a 55, y esa nueva densidad humana se impone a la percepción de quien pasa la mirada por México.[2]* Todo im-

---

[2] INEGI, "Estadísticas Históricas de México", comunicado número 008/10, Aguascalientes, México, 13 de enero de 2010, p. 2, http://www. inegi.org.mx/inegi/contenidos/espanol/prensa/boletines /boletin/comunicados/especiales/2010/enero/comunica.doc.; CIA World Factbook, "Country Comparison: Population", noviembre, 2010, http://www.cia.gov/library/publications/the-world-factbook/rankorder/2119rank.html?countryCode=al&rankAnchorRow=#al; US Census Bureau, "Selected Population Profile in the United States. Country of Birth: Mexico", Estados Unidos, noviembre 2010, http://factfinder.census.gov/servlet/. "200 años de ciudadanía en México", *Este país*, número 234, octubre 2010, México, http://estepais.com/site/wp-content/uploads/2010/10/14_fep_200anosciudadania.pdf

* En el año 2005 la proporción de habitantes por cada kilómetro cuadrado era de 53.

presiona. Las distancias, las cantidades, los tamaños, la infraestructura, las vialidades, el equipamiento físico y social. Un ejemplo: costará casi veinte millones de dólares y más de nueve años construir una carretera de Durango a Mazatlán[3] para conectar de una vez por todas la costa noroeste de México con el norte central, el noreste y el sur de Estados Unidos. Si fuéramos sensatos tendríamos cuatro husos horarios. Cancún, Cozumel y Chetumal deberían de estar tres horas adelante de Tijuana y Mexicali.

A pesar de las quejas de parálisis o estancamiento, el país ha cambiado enormemente en los últimos 15 años, no sólo en relación consigo mismo y con otros países de América Latina, sino también, sobre todo, en relación

---

[3] Notimex, "Construcción de autopista Durango-Mazatlán se encarece", *El Economista*, México, 1 de marzo de 2010, http://eleconomista.com.mx/industrias/2010/03/01/construccion-autopista-durango-mazatlan-se-encarece; Blanca Estela Botello, "La nueva carretara Durango-Mazatlán, detonante económico de la zona norte", México, 7 de marzo de 2010, http://www.cronica.com.mx/nota.php?id_nota=492621

con el país que los mexicanos guardamos en la cabeza, ese país de archivo que rige nuestro imaginario: el país de la crisis perpetua. El país que está fuera del archivo lleva 15 años sin haber sufrido un descalabro financiero como los que padeció cada seis años desde 1976, con la correspondiente destrucción de patrimonio y del nivel de vida. La consecuencia perceptible de esos años de estabilidad ha sido un ensanchamiento de la clase media, medida como se le quiera medir, con una reducción sensible de la pobreza, e incluso, de modo sorprendente, con una pequeña pero sostenida merma de la desigualdad. Todo lo cual no significa —y esperamos que se desista de hacernos decir lo que no decimos— que para nosotros la pobreza en México ha desaparecido, que el abandono rural y especialmente indígena se ha desvanecido, o que la miseria urbana se ha superado. Para un porcentaje intolerablemente elevado de los mexicanos estas plagas persisten; sólo decimos que a diferencia de antes, cuando esos mexicanos desamparados conformaban una mayoría clara del país, ahora constituyen una minoría variante: la indígena muy pequeña, la rural cada día menor, la que padece la pobreza urbana muy por encima de lo aceptable.

Pese a la brutal caída del producto interno en 2009, al finalizar este último año el ingreso *per cápita* de los mexicanos era de 13 mil 200 dólares, medido en dólares PPP: paridad ajustada según el poder de compra del dólar en cada país, como se calculan ahora estas cosas.* Comparado con los otros dos países

---

* La OCDE utiliza el PPP para contrarrestar el hecho de que no haya mecanismos que igualen los precios de los bienes y servicios no comerciables entre países, y por tanto, las comparaciones del PIB en dólares constantes o corrientes no toman en cuenta diferencias muy importantes. El anverso de la medalla es que la paridad PPP tiende a favorecer a los países más pobres (aumenta su PIB) porque en ellos el peso de los bienes y servicios no comerciables es mayor, y desfavorece a los más ricos. Al contrario, los cálculos en dólares corrientes favorecen a los países más ricos y desfavorecen a los más pobres. Si el lector tiene la impresión de que las cifras con las que se topa para el PIB *per cápita* de México y de otros países en este texto difieren de otros textos y de otras fuentes, tiene razón. La diferencia estriba en que unos textos recurren al cálculo en PPP, otros en dólares corrientes y otros en dólares constantes. Lo importante es que toda compara-

latinoamericanos cuyos logros se reconocen mundialmente, el ingreso de México era inferior a Chile, con 14 mil 600 dólares, pero superior a Brasil, con 10 mil 100.[4] La mediocre tasa de crecimiento mexicana que produjo este resultado fue de 3.56 por ciento en promedio entre 1996 y 2008, excluyendo ciertamente los dos años de crisis: 1995 y 2009. El crecimiento promedio de Chile fue de 4.19 por ciento y el de Brasil de 2.99 por ciento.[5] La pobreza total de México (pobreza extrema mas pobreza a secas) pasó de 47.7 por ciento en 1989 a 31.7 por ciento en 2006, una caída

---

ción se haga con el mismo cálculo, para no cotejar peras con manzanas.

[4] Los tres datos de ingreso *per cápita* en dólares PPP provienen de CIA World Factbook, "Country Comparison: GDP-Per Capita (PPP)", CIA, Estados Unidos, noviembre de 2010, https://www.cia.gov/library/publications/the-world-factbook/rankorder/2004rank.html

[5] Las tres cifras del promedio de la tasa de crecimiento para cada uno de los países se obtuvieron a partir de los datos del Banco Mundial, "Crecimiento del PIB (% anual)", Washington, D.C., Estados Unidos, noviembre de 2010, http://data.worldbank.org/indicator/NY.GDP.MKTP.KD.ZG/countries?display=default

de 16 por ciento.[6] En Chile pasó de 38.6 por ciento en 1990 a 13.7 por ciento en 2006, mientras que en Brasil disminuyó de 48 por ciento en 1990 a 25.8 por ciento en 2008.[7]

En otras palabras, tanto en ingreso *per cápita* como en tasa de crecimiento, a México le ha ido mejor en estos 15 o 20 años que a Brasil y peor que a Chile, el campeón latinoamericano en todos los indicadores de modernidad. En combate a la pobreza, México arroja peores resultados que Chile y Brasil, pero con una tendencia a la reducción parecida a la de estos países. El aumento en el consumo *per cápita* de carne, electricidad o automóviles durante estos 15 años ha sido semejante para los tres países. Ha sucedido lo mismo con la disminución de la desigualdad: entre 1999 y

---

[6] Las cifras de la pobreza en México provienen de "Panorama Social de América Latina 2009", CEPAL, Santiago de Chile, 2009, http://www.eclac.org/publicaciones/xml/9/37839/PSE2009-Anexo-Estadistico.pdf

[7] Las cifras de la pobreza para ambos países provienen de "Panorama Social de América Latina 2009", CEPAL, Santiago de Chile, 2009, http://www.eclac.org/publicaciones/xml/9/37839/PSE2009-Anexo-Estadistico.pdf

2008, según los cálculos de Luis Calva-López y Nora Lustig (realizados para el Programa de Naciones Unidas para el Desarrollo), México redujo su coeficiente Gini en más de cinco por ciento, Brasil en tres por ciento y Chile en uno por ciento.[8]

A estos hechos y tendencias hay que agregar, como señaló *The Economist* en su número del primero de octubre, que las cuentas nacionales mexicanas están mal hechas y hace falta corregirlas a la alza, añadiendo entre 0.5 y uno por ciento al crecimiento registrado desde 1996. Al emparejar las cuentas mexicanas con criterios internacionales, el PIB *per cápita* sería, según *The Economist*, 10 por ciento superior al que muestran las estadísticas oficiales anacrónicas.*

---

[8] Luis F. López-Calva y Nora Lustig, *Declining Inequality in Latin America*, Programa de las Naciones Unidas para el Desarrollo y Brooking Institution Press, Nueva York y Washington, D.C., 2010, p. 10.

* Si se recalculara el PIB *per cápita* a la luz de estas aseveraciones de la revista inglesa, superaríamos a Chile y estaríamos 50 por ciento arriba de Brasil. Ver "Getting

El país de archivo que rige nuestro imaginario sobre México es también anacrónico y mide mal el país real. El México del archivo muerto, hijo de las cicatrices del pasado, es un país estancado, empobrecido, muy inferior en su desempeño a los mejores de América Latina, precisamente Chile y Brasil. No es así. México es un país mejor en todos los órdenes al que ha sido antes en su historia. En todo, menos en la opinión que tiene de sí mismo. No atribuimos la paternidad de este hecho ni al Espíritu Santo ni al buen o mal gobierno, ni a un entorno internacional favorable o a la inercia. Tampoco afirmamos que el país no podría estar aún mejor. Sólo decimos que más o menos en partes iguales, los sexenios de Zedillo, Fox y Calderón, aprovechando las bases que dejó Salinas y superando los escollos que también dejó, han podido aprovechar algunas circunstancias favorables para colocar al país donde está. A pesar de sus insuficiencias, errores e irresponsabilidades han permitido

---

Bigger", *The Economist*, septiembre 30 de 2010. http://www.economist.com/node/17150282?story_id=1715028

un avance de la magnitud que hemos descrito rápidamente.*

---

* La percepción de crisis y estancamiento de México tiene mucho que ver con la violencia que sacude al país. Ambos autores, juntos y separados, hemos repetido incansablemente que las cifras de la violencia en México, medidas por homicidios dolosos (el indicador más confiable), secuestros, asaltos, ejecuciones vinculadas al narco, habían seguido una trayectoria descendente desde 1992 hasta 2006. Incluso hoy, después de un repunte evidente y lamentable, cuyas causas pueden ser atribuidas a varios factores, según la opinión de cada quien, se sitúan a más de 50 por ciento debajo de los niveles de principios de los noventa. Que la violencia y la inseguridad en México sean más visibles ahora, más sangrientas quizás y, seguramente, más indigeribles es una cosa; que los números demuestren lo contrario es otra. Según la Sexta Encuesta Nacional de Inseguridad 2009 (ENSI-6), con datos del Sistema Nacional de Seguridad Pública, el número de homicidios dolosos por cada 100 mil habitantes en 1997 fueron 17, en 2000 fueron 14, en 2006 fueron 11, y en 2008 hubo 12 (fuente: Instituto Ciudadano de Estudios sobre la Inseguridad, A.C., ENSI-6, México, octubre 2009, p. 107). De acuerdo con Fernando Escalante Gonzalbo en su artículo "Homicidios 1990-2007", en 1992 se presentaron 20 homicidios por cada 100 mil habitantes, en 1997 hubo 17, en el año 2000 eran 11, y en 2006 hubo 10 (fuente: Fernando Escalante Gonzalbo. "Homicidios 1990-2007", *nexos*, septiembre, 2009, México).

2. El país regional

Las 31 ciudades mexicanas de más de 500 mil habitantes, y las 133 de más de 100 mil se han homogeneizado y forman en muchos sentidos un país visual común.[9] Presumen los mismos *malls* y pasos a desnivel, los mismos libramientos y edificios públicos y privados (tribunales, universidades, palacios de gobierno, o museos, parques de diversión, *country clubs* y cadenas hoteleras), los mismos parques y zonas residenciales, las mismas extensiones de vivienda unifamiliar sin un solo árbol y millones de fúnebres tinacos Rotoplas: retículas urbanas perpetradas por Geo, Homex, Sare, Urbi, que insultan la buena arquitectura tradicional mexicana pero son también el primer peldaño en la materialización del sueño de casi seis millones de familias que han adquirido su primera vivienda en los últimos

---

[9] INEGI, "Población total con estimación por: entidad, municipio y localidad, según: tamaño de localidad con 15 tamaños", Conteo de Población y Vivienda 2005, México, noviembre de 2010.

tres lustros.[10] La aceleración y la uniformidad del cambio urbano son sorprendentes, pero no inexplicables. Provienen a la vez del auge mal reconocido de la economía subterránea, del fortalecimiento financiero de los gobiernos locales y de la modernidad de una infraestructura de nueva generación. El paisaje en expansión de las ciudades se parece porque lo construyen, lo habitan y lo gobiernan mexicanos parecidos, nuevos consumidores y nuevos ciudadanos, esos que Luis de la Calle y Luis Rubio han descrito novedosamente bajo la antigua etiqueta de clasemedieros: millones de mexicanos de nuevas generaciones cada vez más uniformes en sus niveles de vida, sus hábitos de consumo, sus empleos, su educación y su salud.*

---

[10] Consejo Nacional de Vivienda (CONAVI), "Créditos otorgados por periodo, programa y organismo", México, 2010; y "En tres años, 2 millones 650 mil créditos otorgados para vivienda", Gobierno Federal, México, marzo 24 de 2010, http://www.presidencia.gob.mx/?DNA=85&Contenido=54657

* Luis de la Calle y Luis Rubio, *Clasemediero. Pobre no más, desarrollado aún no*, CIDAC, México, 2010.

El país visible en las ciudades mexicanas está en movimiento. Incluso en los lugares sacudidos por el narco, con excepción quizá de Ciudad Juárez, pero incluyendo a Tijuana, Culiacán, Monterrey, Tampico y Reynosa, se construye, se anuncia, se compra y se vende, se estudia y se trabaja, se camina por las plazas y se celebran congresos, eventos deportivos y culturales, ferias, fiestas y conciertos. Por negocios, vacaciones y trabajo, la gente viaja y se desplaza: igual los migrantes oaxaqueños en la pizca de hortalizas en Sinaloa, que los "juarochos" de Ciudad Juárez, que los chiapanecos de las maquiladoras en Tijuana y los defeños de Cancún y Cabo San Lucas. Los mexicanos se mueven en camión, en automóvil y en avión. A las seis de la mañana las terminales aéreas de la Ciudad de México y las de Toluca, Monterrey y Guadalajara, parecen romerías.

Es un país que bulle y se transforma, habitado por una diversidad regional de nuevo tipo, que tiene poco que ver con las viejas tradiciones idiosincráticas de "La Provincia" —clima, topografía, historia, gastronomía— y mucho con la forma en que cada región se inserta en la economía global. Se trata de una inserción regional, más que estatal, donde ciertas regiones son virtuales más que geográficas. El Bajío es la tierra de la emigración, la agricultura de exportación y la infraestructura. En la frontera dominan las maquiladoras, el comercio legal e ilegal de cosas y personas, una violencia de *Wild West* y un dinamismo notable, incluso en los peores momentos, aunado a unas zonas urbanas de precariedad y abandono inhumanos. Las zonas turísticas —Cancún, Riviera Maya, Los Cabos, Vallarta o Mazatlán— conforman una unidad extraña: a miles de kilómetros las unas de las otras son, sin embargo, iguales. Padecen los mismos males y se hunden en las mismas coyunturas, pero reviven y disfrutan de la misma buena suerte cuando ésta finalmente arriba. La Ciudad de México, antes única y central en el panorama, multiplica su forma y su peso hasta desdibujarse, se conurba y se diversifica hacia Querétaro, Cuernavaca, Toluca, Pachuca y Puebla. Monterrey y Guadalajara empiezan a transformarse en mini-Distritos Federales, con tráfico de asfixia en las horas pico, economías en expansión, suburbios-dormitorios y de descanso, playas cercanas (aunque sea en la Isla del Padre), y poder de atracción por la diversidad cosmopolita de su oferta: universidades, industria, banca, cultura, oportunidades, trabajo, mercado. La región tradicional más pobre, el sur de México, Chiapas, Oaxaca y Guerrero, presume también su peculiaridad frente al mundo: la de no haber encontrado cómo insertarse, ni un patrón de modernidad que la saque de sus viejos males —miseria, exclusión, dispersión, emigración— y la alivie de sus nuevas tribulaciones, entre ellas la de ser centros recreativos de las clases medias altas y bajas de la capital de la República (Acapulco, Ixtapa, Oaxaca).

Las distintas formas de inserción en el mundo de cada región acentúan rasgos centrífugos de la diversidad mexicana: cada quien halla su nicho en el mundo y depende de él, más que del mercado interno o de su región vecina. Pero esta diversidad de nuevo tipo encierra también un carácter equilibrante que produce sinergias y suma fortalezas. La especialización por regiones, casi siempre impulsada por la globalización y la historia, ahorra las antiguas locuras de la planeación central y agrega en vez de quitar. Cada región se dedica con intensidad a lo que sabe y puede hacer, no a lo que se le ocurrió a algún funcionario genial de la capital de la República, como Cosoleacaque, que sigue cerrado, o Huatulco y Puerto Peñasco, que siguen vacíos, o el puerto industrial de Lázaro Cárdenas/Las Truchas, que esperó durante 30 años el ferrocarril prometido, pagando vuelos a precios exorbitantes y consumiendo carbón importado porque el nacional nunca apareció. Puebla, en cambio, sin intención alguna, se volvió la tercera ciudad universitaria del país en apenas 25 años, y las mixtecas poblana, oaxaqueña y guerrerense se volvieron la segunda zona expulsora de migrantes y receptora de remesas. Saltillo vive los auges y los frenos del mercado automovilístico norteamericano, pero encontró su nicho. El turístico se propaga en la costa de Quintana Roo, y las exportaciones de aguacate a Estados Unidos desde Uruapan se multiplicaron por

25 en 10 años.[11] Si algún día los narcos descubren la fórmula agrícola o de manipulación genética para que la hoja de coca se dé en México, sin duda surgirá un nuevo cultivo de exportación en el triángulo de oro o en las costas de Sinaloa: especialización es destino.

Hay un nuevo país regional cuya pluralidad salta por todos lados. No es imposible que a la larga estas regiones —virtuales o geográficas— reproduzcan patrones como los de Quebec en Canadá, o Lombardía, Cataluña y la Renania en Europa: esquemas regionales y nacionales innegables, donde la pertenencia es tan supranacional como local y nacional. Pero México hasta ahora no se escinde ni se fragmenta: se equilibra. Cuando una región

---

[11] Los datos de Uruapan provienen de las siguientes fuentes: Dra. Louis Stanford, "El incremento del mercado del aguacate en los Estados Unidos", *El Packer*, 24 de enero de 2005, citado en el Boletín no. 51, de junio-julio 2007, de la Asociación Agrícola Local de Productores de Aguacate de Uruapan, Michoacán, México, http://www.aproam.com/boletines/a51.html; José Carlos Cedeño, "Cumple APEAM expectativas de exportación", *Diario Provincia*, Morelia, Michoacán, 13 de mayo de 2010, http://www.provincia.com.mx/13-05-2010/41677

va mal otra tiene auge; las fuerzas centrífugas generan sinergia, entre otras cosas, porque sus distintos caminos a las oportunidades globales pasan, sin excepción, por distintas formas de integración a la América del Norte: sean los mercados prohibidos de la mano de obra y las drogas, sean los mercados legales que hacen pasar por esa frontera casi 300 mil millones de dólares en comercio cada año y un millón de cruces de personas en la línea fronteriza cada día.[12]

---

[12] Los datos de la balanza comercial provienen de la Secretaría de Economía, "Importaciones totales de México, 1993-2009" y "Exportaciones totales de México, 1993-2009", México, http://www.economia.gob.mx/swb/es/economia/p_Estadisticas_de_Comercio_Internacional. Y el dato de los cruces de personas por la frontera fue obtenido de la XXVIII Border Governors Conference, "Datos de la Región Fronteriza México-E.U.", Arizona, Estados Unidos, 2010, http://www.bordergovernors2010.org/2010_Governors_Conference/member_states_BorderRegion_espanol.asp

3. Guerra y paz

Este México de nueva, pujante y diversa regionalidad es el primero que irrumpe, que viene a las conversaciones, que aparece en las preocupaciones de empresarios, ciudadanos, medios de comunicación y expertos locales. El segundo, desde luego, es el México de la violencia y el crimen, cuya diversidad regional es también notable. Visitamos ciudades como Tampico, Reynosa, Durango, Juárez y Tijuana, donde la delincuencia y el narco han hecho estragos en la convivencia, la tranquilidad del espacio público y la confianza de propios y extraños. Pero también paseamos en la noche, sin guardias, escoltas ni protección alguna, por las calles de Mérida, León, Oaxaca, Guadalajara, Villahermosa y Puebla. Incluso en las zonas de guerra el paisaje no es unánime y emergen tendencias y acontecimientos disímbolos: largos cortejos fúnebres de jóvenes en moto en Ciudad Juárez, y colas de 100 personas en los cajeros automáticos a las cinco de la tarde, antes de que anochezca, todos sacando dinero juntos, para protegerse en la asamblea contra asaltos y vandalismo. Pero sorprende que hasta en Durango se puede recorrer el área de la feria a la una de la mañana sin correr peligro alguno, que los empresarios de Tampico se aterran de los secuestros pero afirman que ninguno de ellos paga derecho de piso —en la supuesta cuna de la extorsión—. La geografía del tsunami criminal de México es compleja y contradictoria. Los éxitos no son siempre los mismos —en Tijuana no han disminuido los homicidios pero prevalece una sensación pública de mayor seguridad— y los horrores son relativos.

Hay procesos esperanzadores. En Mexicali asistimos a uno de los primeros juicios penales orales de la reforma judicial de ese estado, que todos deberán terminar en los siguientes seis años. Entramos a la sala de libre acceso al público, vimos a los acusados y a su abogado de un lado, el fiscal del otro lado, a las víctimas entre el público, la juez al frente, dando la cara y explicando las consecuencias procesales de cada paso, para desahogar en los 40 minutos que estuvimos ahí intercambios y decisiones que con el aberrante sistema de juicio escrito habrían tardado al menos ocho meses.

Los horrores deben ser medidos también en proporción al tamaño del país. No pocos interlocutores de Ciudad Juárez nos "miraron feo" cuando les recordamos que su ciudad constituía 1.3 por ciento de la población de México y que no todo México es Juárez sino que Juárez, en muchos sentidos, es la excepción de México.[13] Realizamos una decena de votaciones en universidades públicas y privadas sobre la legalización de la droga, y se resolvieron todas a favor, incluso en escuelas de los Legionarios de Cristo. En las ciudades sacudidas por el narco escuchamos, una tras otra, historias reales e imaginarias de terror, y escuchamos también a obispos de ciudades conservadoras referir, en casas de oligarcas locales de extrema amabilidad y belleza, cómo los narcos llegaban a confesarse cuando lo sentían necesario.

---

[13] INEGI, "Población Total con estimación por: entidad, municipio y localidad, según: sexo", Conteo de Población y Vivienda 2005, México, noviembre 2010.

En otras palabras, la violencia que llena los diarios no cubre toda la vida ni ocupa todo el espacio ni siquiera en las seis o siete ciudades de violencia crónica del crimen organizado. México no es más violento hoy que en el pasado, aunque sus crímenes tengan mayor visibilidad y aunque el crimen organizado tenga más recursos para corromper, reclutar y armarse que nunca en su historia. Las visiones que en privado ofrecen las élites y clases medias del México urbano asediado por el crimen, tienen por momentos el timbre de la desesperación, pero la vibración mucho más profunda es que sus ciudades podrán salir del atolladero. El reclamo por las omisiones de la autoridad es unánime y lleva dentro la certidumbre de que cuando la autoridad actúe las cosas cambiarán. Las nuevas autoridades electas en estados como Tamaulipas, Chihuahua, Nuevo León o Sinaloa no tendrán permiso ni tolerancia ciudadana para mirar a otra parte, como sus antecesores. El hartazgo y la exigencia de los ciudadanos harán poco negociable la ineficacia o la negligencia de los gobernantes locales en materia de seguridad.

La diversidad regional es también acusada en materia de inseguridad. El homicidio impune asola Ciudad Juárez y la hace una de las ciudades más peligrosas del mundo. El retén pirata tolerado a las afueras del Tec Milenio en Reynosa es real; el gobernador electo de Tamaulipas no tiene la más remota idea de quién mató a su hermano, y lo confiesa; el anterior gobernador de Durango se entera de la sustitución del comandante de la zona militar a las 11 de la noche sin que nadie le diga agua va. Todo eso es cierto, como ciertas son las historias de terror asociadas a la impunidad y la presencia del crimen organizado en distintas ciudades. Pero los homicidios dolosos anuales por cada 100 mil habitantes en Querétaro, Campeche, Aguascalientes, Yucatán, Guanajuato o Zacatecas se aproximan a los niveles de Estados Unidos, Chile o Portugal.[14] ¿Qué pasa? Otra vez: la diversidad de las for-

---

[14] Instituto Ciudadano de Estudios sobre la Inseguridad, A.C. (ICESI), "Homicidios dolosos, tasa por 100 mil habitantes" y "Homicidios dolosos, comparativo internacional. Tasa por 100 mil habitantes", Sexta Encuesta Nacional sobre Inseguridad, agosto de 2009, pp. 46 y 47.

mas regionales de inserción en la globalidad —unas con la industria, la migración, la exportación de hortalizas y el turismo, otras con las drogas ilegales— da como resultado correlaciones de fuerza tan disímbolas que parecen nacer de países diferentes.

4. Autonomía y prosperidad

Otro México que vimos fue el de la prosperidad regional evidente, en ocasiones ostentosa, aunada al fortalecimiento de las autonomías y de las finanzas estatales, en un marco de pobre transparencia y débil rendición de cuentas. Las obras públicas estatales, construidas con recursos procedentes de la federación —los estados no recaudan, y los municipios menos— son impresionantes. Las nuevas universidades públicas en Puebla, Villahermosa, Cancún y Tijuana; las flamantes y múltiples instalaciones de educación superior en Veracruz; las viejas aulas y estructuras universitarias remozadas y conservadas en Durango y Pachuca; los edificios del poder judicial en Mexicali y del gobierno estatal en Ciudad Victoria; las carreteras en Guanajuato o la feria monstruo del Bicentenario de Silao; los sistemas de transporte colectivo y de tránsito imaginativos y eficientes (incluyendo una insólita inversión simultánea de carriles en León, algo que jamás habíamos visto en nuestros andares por el mundo); los viaductos y palacios de gobierno viejos y nuevos, los centros de convenciones y teatros de Tampico, Durango, Tijuana, Puebla, Guadalajara y Mérida; los centros históricos restaurados (incluyendo en ocasiones el entierro costosísimo pero indispensable de las "telarañas" eléctricas y telefónicas) de Oaxaca, Durango, San Luis Potosí, Zacatecas —ya viejo—, Monterrey —menos viejo—, Mérida, Guanajuato y Mazatlán; las ferias de libros o cónclaves culturales, periódicos y multitudinarios; las onerosas oficinas de representación en el extranjero —una decena de estados poseen por lo menos una—:[15] todo habla de la holgura financiera de nuestros estados.

---

[15] Secretaría de Relaciones Exteriores, "Oficinas de Enlace en el Exterior de las entidades federativas mexicanas", no-

Esta fastuosidad cívica y constructora no disimula sus orígenes: son los enormes presupuestos anuales de cada estado obtenidos en su mayoría de traspasos federales: de 4.5 a 7 mil millones de dólares al año en Veracruz, Puebla, Jalisco y Nuevo León, más de 13 mil millones de dólares en el Estado de México o el Distrito Federal. El presupuesto de algunos de estos estados constituye un monto superior al PIB anual de varios países latinoamericanos, pero no están sujetos ni siquiera a la raquítica supervisión de Paraguay, Guatemala, Nicaragua o Bolivia. Los manejan gobernadores de los tres partidos, de manera bastante equitativa. Los estados más grandes son por igual del PRI (Edomex, Nuevo León y Veracruz), que del PAN (Jalisco, Guanajuato y ahora Puebla), que del PRD (la capital de la República). Aunque los fondos federales vienen etiquetados y resultan en principio difíciles de reasignar, en realidad los gobernadores

---

viembre de 2010, http://portal2.sre.gob.mx/enlace/index.php?option=com_content&task=view&id=664&Itemid=113&itemid=5

pueden tomar atajos para volver recursos educativos en gasto agropecuario, o al revés. Y como 25 de los 32 gobernadores —incluyendo al capitalino— disfrutan las delicias del carro casi completo en sus legislaturas estatales (sólo en siete entidades la mayoría legislativa local es detentada por un partido distinto al del gobernador), gozan de una autonomía política, ésta sí, casi completa.

El extravagante caso de la democracia mexicana es que mientras generaba en el nivel nacional una competencia efectiva, con división de poderes y equilibrios a veces paralizantes, en los estados dio lugar a hegemonías políticas parecidas a las que el PRI-Gobierno ejerció durante años sobre el conjunto de la República. Cómo fue posible esto, es una gran historia por contar: cómo se recreó un sucedáneo del antiguo régimen priísta, con instituciones y reglas democráticas, en los estados de la federación.

Es el fenómeno que algunos llamamos *feuderalismo*, desde que acuñó este término, hace una década, el ex gobernador de Zacatecas y ex presidente del PRI, Genaro Borrego, eso que los medios y la oposición al PRI han empezado a llamar "cacicazgos periféricos", "virreinatos tropicales", y cosas peores.

La historia está por escribirse pero los rasgos fundamentales del fenómeno son visibles. Contribuyen a él dos hechos clave. Primero, el efectivo aprendizaje de las reglas democráticas y su utilización desde los gobiernos locales para alcanzar victorias imaginables sólo en el antiguo régimen, es decir, resultados del antiguo régimen con reglas del nuevo. Segundo, la extraordinaria transferencia de dinero federal a los gobiernos locales, un dinero de los que éstos apenas rinden cuentas a quien se los da y que utilizan más o menos libremente, entre otras cosas, para aceitar la política local. Al igual que los presidentes priístas de antaño, los gobernadores de hoy (priístas y no priístas) son dueños del poder y del dinero en su territorio. Se han vuelto dueños también de las urnas, porque lo son en distintos grados de los otros poderes, órganos electorales, de los de los medios y los negocios y, a veces, hasta de su oposición.

Desde un malhadado pacto de coordinación fiscal asumido en los años ochenta del siglo pasado, los estados prácticamente no cobran impuestos. La federación cobra y reparte. Lo hace de acuerdo a proporciones y partidas que son un capítulo legal y obligatorio del presupuesto federal, pero de cuyo gasto los gobiernos estatales rinden cuentas no a la federación sino a sus congresos locales. Durante 2010, la transferencia de recursos federales a los estados será de unos 100 mil millones de dólares (de un presupuesto federal de un poco más de 300 mil millones).[16] Los gobiernos estatales no se encuentran obligados a rendir cuentas a la federación del uso de esos recursos; pueden cambiar su destino con sólo informar de los motivos del cambio y no están sujetos a evaluación de resultados. Todas las cuentas las entregan a sus congresos locales, que son quienes las validan. Un rasgo central del *feuderalismo* es, entonces,

---

[16] Presupuesto de Egresos de la Federación para el Ejercicio Fiscal 2010, Cámara de Diputados del H. Congreso de la Unión, México, 7 de diciembre de 2009, p. 2.

que los gobiernos disponen de enormes bolsas que repartir, más o menos libremente, entre sus clientelas políticas locales. La mecánica de la negociación de los congresos locales tiende a volverse un forcejeo de asignaciones que compran o suavizan votos. Nuestro caso preferido en la materia es el de una diputada de la oposición de un estado del sureste que votó un punto de acuerdo si le daban a su novio una moto Harley Davidson. A la hora de rendir cuentas del dinero federal, congresos y ejecutivos estatales transitan en notorio acuerdo. El dinero federal da márgenes de autonomía nunca vistos a los gobiernos estatales. Tienen como nunca antes dinero para hacer política, ampliar clientelas, calmar a la oposición, neutralizar a los medios e invertir lo necesario en el diseño y ejecución de estrategias electorales ganadoras. Las quejas de corrupción son moneda corriente en el ágora local. ¿Por qué lo permitió el gobierno federal emanado de la oposición desde 2000? En alguna medida por convicción federalista; pero sobre todo por incapacidad de encontrar, negociar e instrumentar fórmulas efectivas y modernas de rendición de cuentas, propias y ajenas. Es otro de los temas en los que la burocracia del viejo régimen sigue prevaleciendo.

Pero igual, no todo es corrupción. Como hemos dicho antes, basta viajar hoy a cualquier ciudad media del país para sentir la pujanza del cambio regional verificado en los años del *feuderalismo*, la calidad del equipamiento urbano, la revolución del consumo, la energía social. El poder de las regiones viene también de su propia vitalidad, de sus propios hallazgos y maduraciones, y mucho han tenido que ver en eso sus gobiernos.

II. Agenda pendiente

U*n futuro para México* planteaba cuatro grandes ámbitos de cambio necesario y algunas decisiones estratégicas puntuales que tomar para hacer de México un país moderno: próspero, equitativo, democrático, con ingreso *per cápita* de país desarrollado y clases medias consolidadas. Definimos la urgencia de crecer mediante la contención de los poderes públicos y los poderes fácticos que frenan la competencia y la productividad: monopolios, oligopolios, partidocracia. Propusimos acelerar y ordenar el proceso de integración a la América del Norte en busca de las oportunidades y los compromisos de un mercado común. Planteamos la necesidad de una reforma fiscal de fondo basada en la generalización, sin excepciones, de impuestos al consumo, atados al compromiso de crear un sistema de seguridad social universal para todos los mexicanos, por el hecho de serlo. Hicimos apuntes sobre educación y seguridad, y esbozamos las reformas políticas necesarias para tener gobiernos democráticos con mayorías gubernativas en el congreso y mecanismos de colaboración entre poderes que faciliten la toma de decisiones de la que habla el ensayo.

Recibimos en todos los foros una acogida entusiasta a la idea misma de futuro, acuerdos fundamentales respecto de la contención de los poderes fácticos y el crecimiento de la economía, escepticismo nacionalista en la propuesta de integración a la América del Norte, recelo primero y acuerdo después, al desarrollarse el argumento, respecto de un IVA generalizado a cambio de seguridad social para todos, y una variopinta percepción de nuestras variopintas propuestas de reforma política.

Las grandes ausencias reclamadas en nuestro análisis fueron muy claras. El grito contra la corrupción fue un reclamo recurrente, si no el principal, en los debates de nuestro recorrido, junto con el temor a los gobiernos fuertes, con mayoría en el congreso, cuestión indispensable en el ámbito federal pero amenazante para comunidades que padecen ya gobiernos locales abrumadores. Las otras dudas grandes fueron en torno a la educación, la seguridad y la viabilidad política del gran cambio que México necesita.

Nuestro ensayo no respondía con claridad o suficiencia al menos a cinco preocupaciones centrales del México urbano-regional: *1. Cómo terminar con la corrupción y exigir rendición de cuentas. 2. Cómo dar a la educación calidad y poder de transformación social. 3. Cómo resolver el problema de la seguridad y su origen de fondo: la debilidad del Estado de derecho y de las instituciones de impartición de justicia. 4. Cómo dejar atrás el peso del pasado. 5. Cómo hacer viables los cambios, cómo lograr lo imposible: que los actuales beneficiarios del poder —gobierno, partidos y poderes fácticos— hagan las reformas que pueden beneficiar a México aunque afecten sus intereses.*

Antes de tratar de remediar las debilidades del texto anterior, y de plasmar en este texto las lecciones de nuestras andanzas, conviene reconocer, explicar y luego disipar la impresión de esquizofrenia que tanto *Un futuro para México* como *Regreso al futuro* pueden suscitar en el lector. Por un lado, en aquel ensayo, y ahora, insistimos en que México se ha transformado enormemente, y para bien, a lo largo de los últimos 15 años, y que el país es infinitamente mejor que el que los mexicanos portamos en nuestras cabezas. Por el otro, se presenta una agenda —acertada o no, ilusa o no, pero en todo caso tremendamente ambiciosa— de cambios, reformas, ajustes y metamorfosis mentales indispensables para avanzar y llegar a ser la nación que queremos: el México próspero, democrático y equitativo, integrado al mundo y seguro, provisto de una sólida y extensa clase media.

Asimismo, en múltiples escritos hemos criticado con frecuencia y con vigor la actuación de los tres últimos gobiernos del país, y el hecho de que el país está muy por debajo de las necesidades, las expectativas y las posibilidades de los mexicanos; simultáneamente, insistimos en que nunca había estado mejor si miramos las tendencias de largo plazo y no nos enfrascamos en la coyuntura. ¿Cómo es posible compatibilizar ambas visiones? ¿De qué modo pueden coincidir dos pensamientos en apariencia tan contradictorios? Nuestra respuesta es muy sencilla: los cambios que proponemos son posibles porque el país ha avanzado mucho, y son necesarios porque no ha avanzado lo suficiente. Sostener al mismo tiempo dos ideas distintas o, incluso, contrarias no es prueba de nada, salvo de una voluntad de reflejar el carácter contradictorio, complejo, irritante y frustrante, y a la vez fascinante, de una realidad como la nuestra. No es esquizofrenia; es realismo ante una realidad contradictoria.

1. Corrupción y rendición de cuentas

La creencia de que la corrupción es el mayor mal de la vida pública del país parece más profunda y extendida que nunca. Creemos que en esto, como en el fenómeno de la violencia, la sensación térmica es mayor que la temperatura real de las cosas. La gente piensa que la corrupción actual es igual o mayor que nunca. Creemos que se equivocan, que toman una parte por el todo, aunque la parte aludida es grande y ostentosa. La corrupción tiene tres ríos: el que viene del gobierno federal, el que sale de los gobiernos locales y el que cruza por la vida de cualquiera, que llamaremos "corrupción de ventanilla".

La corrupción de origen federal, la gran corrupción sistémica, ha cambiado radicalmente. Ha caído de manera dramática por lo menos desde los años noventa. No absolvemos a nadie: un cruce cabal de declaraciones fiscales, patrimoniales y de signos exteriores de riqueza podría ser un polígrafo infranqueable para muchos políticos de los últimos tiempos. Pero hay que decir que la corrupción federal faraónica de los decenios dorados del PRI es cosa del pasado. Se ha puesto freno al mecanismo básico del robo público en el orden federal (dos terceras partes del gasto público de la nación). Los dineros públicos y las grandes canonjías que se invierten y se otorgan desde la estructura de gobierno, en termoeléctricas, refinerías, aeropuertos, drenaje, subsidios, paraestatales, bicentenarios, puentes y túneles ha dejado de ser materia rutinaria de asaltos en descampado.

Dentro del gobierno, el presupuesto federal es una caja que muchos ojos vigilan y muchas firmas autorizan, tantas que a menudo hacen ineficiente el gasto y torpes los procesos de compra, los contratos y licitaciones de origen federal. Fuera del gobierno, hay suficientes adversarios políticos, incansables voces ciudadanas y medios con los micrófonos abiertos para ejercer una especialidad deliciosa: gritar contra el ladrón, denunciar robos, dispendios e ineficiencias de los políticos. El congreso es de oposición y vigila, los medios denuncian hasta la exageración, la iniciativa privada se deja sobornar menos, la sociedad civil exige más y el riesgo de daño público para el funcionario corrupto, el peligro de desprestigio o cárcel es más alto que nunca. Incluso, fortunas hechas con las reglas patrimonialistas del pasado pagan hoy aduanas de desprestigio histórico, como las propiedades inmobiliarias recientemente acreditadas del ex presidente Luis Echeverría (1970-1976), político retirado, si existe alguno. Un escándalo similar apartó de la candidatura presidencial del PRI en el año 2006 al gobernador mexiquense Arturo Montiel, político retirado desde entonces. Se siguen cometiendo barrabasadas y dispendios, procreando elefantes blancos como la Estela de Luz del Bicentenario, o la Biblioteca Vasconcelos, o el aeropuerto de Agualeguas, o el dineral que se da a los partidos políticos, pero nada de eso viene seguido de las fortunas multimillonarias de antaño y todo tiene también un alto costo en imagen y crítica pública para sus perpetradores.

No sucede lo mismo, más bien todo lo contrario, en el caso de la corrupción de los gobiernos locales ni en la corrupción de ventanilla. Los estados ejercen una tercera parte del presupuesto público de la nación: un billón de pesos (un millón de millones) en el año 2010.

A partir de la alternancia del 2000, en parte como una moneda de cambio por estabilidad y cooperación política, a los estados y municipios se les transfirieron enormes recursos sin ningún instrumento para transparentar o regular su ejercicio. Proliferaron en las regiones los supersueldos y los megacontratos, los aviones privados y los viajes, la inversión rumbosa en medios, clientelas políticas y campañas electorales, las Suburbans y las Cherokees, la desviación de recursos etiquetados, la inflación de los padrones del Seguro Popular y del magisterio, los generosos programas estatales de apoyo a la pobreza y al campo, y los ambiciosos programas de infraestructura vial y urbana, con la debida merma de por medio. Éste es el mundo de abundancia, dispendio y corrupción que ven los habitantes de a pie de las regiones y el que les hace gritar en cada foro que la corrupción es el problema número uno de México. Lo es, desde luego, de su entorno público local. Los ciudadanos del interior de la República no tienen cómo o por qué saber lo complicado y riesgoso que resulta robar en el gobierno federal, pero el que más o el que menos, todos tienen un testimonio de primera mano del tipo que le vendió el concreto hidráulico al contratista que recubrió la avenida principal de la capital de su estado, y que se quejó amargamente de la mordida entregada al secretario de obras del ayuntamiento. La vieja corrupción estructural que era norma en el centro se trasladó a la periferia, donde es de un volumen innegablemente menor, la tercera parte del presupuesto federal, pero a la vez más tangible, más próxima y más indignante para quienes la ven de cerca.

No se lea en ésto un ataque a los gobernadores del PRI, pues el fenómeno de gobernadores todopoderosos y subfiscalizados atraviesa partidos y estilos personales: no es la herencia de una tradición sino el engendro de unas reglas del juego recientes a partir de las cuales los gobernantes locales reciben mucho dinero sin tener que rendir cuentas, y no las rinden. Seguimos en México sin impuestos estatales o municipales (la recaudación por concepto del predial es una broma: 0.2 por ciento del PIB, contra 3.1 por ciento de Estados Unidos).[17] El

---

[17] Mario Fernando Larios, "La Reforma del Impuesto Predial en México", Instituto Mexicano de Catastro, I

dinero viene del centro, pero el centro carece de facultades, capacidad o voluntad de fiscalizar dichas erogaciones extraordinarias. Los nativos no se preocupan en exceso por el destino del gasto, pues nada les cuesta en su origen. Los congresistas que aprueban las cuentas locales comen de la mano de los gobernadores, a menudo les deben su elección y les deberán su futuro. Los gobernadores nombran normalmente a los jerarcas del poder judicial y a los titulares del instituto electoral del estado. Los medios locales viven en buena medida del gasto publicitario estatal; la comunidad empresarial tiene oportunidad de jugosos negocios y contratos en el gobierno. No sorprende que los mandatarios estatales gocen de tasas de aprobación que quisieran para un día de fiesta un Obama, un Sarkozy o un Calderón.

Si queremos detener el flujo de recursos sin rienda que llena los estados de obra pública y de corrupción de la de antaño, hay que someter los recursos federales que se

---

Congreso Nacional e Internacional de Catastro en Argentina, Córdova, septiembre de 2009, p. 22.

transfieren a los estados a un régimen de rendición de cuentas también federal, a través de la auditoría superior de la nación. Que no sean los congresos locales los que autorizan el gasto de recursos que ellos no han legislado y su poder ejecutivo no ha cobrado. Dos medidas simples de enunciar pero laboriosas de acordar y ejercer pondrían fin a la peculiar experiencia regional, origen de la queja universal en corrupción de las regiones. Primero, establecer una fórmula de fiscalización federal para evaluar el gasto de recursos federales en los estados. Segundo, homologar los sistemas contables de estados y federación que permitan uniformar los registros y hacer comparable la fiscalización del gasto. Ambas cosas están en marcha ya, pero las resisten a fondo, como cabe esperar, los poderes locales. Si el gran pesoducto de la corrupción local adquiere los estándares de vigilancia que tiene el pesoducto federal, la corrupción local sistémica también disminuirá y con él la sensación térmica de que una corrupción gigantesca y universal baña el país.

Qué decir de la corrupción de ventanilla, la de todos los días. Primero que es, junto con la corrupción estatal, la que más siembra en el ciudadano la sensación epidérmica de vivir en medio de una gigantesca y universal corrupción. Las encuestas latinoamericanas en materia de corrupción distinguen claramente entre la percepción que tiene la gente de su propio involucramiento en la corrupción, y la corrupción, por así decirlo, "ajena". Distinguen también, como hemos hecho nosotros, entre la corrupción estructural —el contratismo, las comisiones por compras u obra pública, el peculado— y la de ventanilla: el policía de crucero, la oficina de licencias, el vista aduanal, el director de la escuela que pide contribuciones o el sindicalista que vende plazas.* La primera, como ya afirmamos, ha bajado enormemente. La segunda persiste y parece menos tolerable entre más difundida es la cultura

---

* Ver el *Latinobarómetro 2008*, en la sección titulada "El futuro con esperanza en un mundo globalizado", en la parte en que se habla del Estado se trata el tema de la corrupción.

contra la corrupción que ha crecido enormemente en los últimos años. El clamor nacional contra la corrupción es sintomático de hasta qué punto ésta dejó de ser vista como un hecho fatal tolerado, como parte de la naturaleza inexorable de las cosas.

Lo menos que puede decirse de la corrupción de ventanilla es que normalmente tiene dos responsables: el que pide y el que da. El que pide abusa para evitar una molestia o acelerar un trámite. El que da, acepta el abuso porque su conveniencia es mayor. En ninguna corrupción como en la de ventanilla es más insustituible y efectiva la resistencia de los ciudadanos. Ciudadanos que no dan mordida y denuncian el hecho son el mejor antídoto contra intermediarios y servidores públicos que la piden. Necesitamos combatir la corrupción en el Estado y en nosotros mismos, no podemos seguir haciéndolo como esos virtuosos miembros de la comunidad que abominan de la prostitución en público y la pagan y gozan en privado. Debemos reconocer que la culpa de la corrupción de ventanilla yace en la falta de organización y conciencia de la sociedad civil mexicana, y que la solución, por tanto, sólo puede brotar de esa sociedad civil, cuya debilidad es tal vez la mayor tara del México de hoy.

2. La obligación educativa

No habrá país moderno si mantenemos nuestra educación como está. La realidad mundial es avasallante: el que no se educa, no juega. O juega con desventajas que lo sacan pronto del juego que importa, que es el juego mundial de la productividad. El arreglo de la educación en México tiene al menos cuatro frentes: 1. La jornada escolar. 2. Los instrumentos del alumno. 3. La evaluación de la sociedad. 4. Los límites del sindicalismo.

Una de las grandes contradicciones del reto educativo en México es que la gente… no percibe tal reto. Los habitantes de América Latina, reporta Andrés Oppenheimer, escandalosamente, se sienten satisfechos con su educación pública: 84 por ciento de los venezolanos, que se ganan la palma de la inconsciencia colectiva, y más de 70 por ciento de los demás habitantes de la región, lo mismo sucede en México.[18] En la muy amplia encuesta de GAUSSC sobre sueños y valores, que la revista *nexos* presenta en su número de enero, la educación quedó en el séptimo lugar entre las prioridades de los ciudadanos y sólo cuatro por ciento le asignó una importancia decisiva. La educación sigue siendo una "catástrofe silenciosa" ignorada por la mayoría de los mexicanos, aunque no por sus élites ni por su opinión pública, que empieza a poner los ojos críticos y escandalizados en ella. Las élites y los críticos tienen razón. La educación mexicana es mala en todos los sentidos, en todas las mediciones, en todas las comparaciones y en todos los niveles. No sólo desmerece en relación con países más ricos, tampoco sale bien librada frente a países de ingreso parecido o inferior al nuestro.

Un dato comparativo demoledor se refiere a las pruebas internacionales PISA de

---

[18] Andrés Oppenheimer, *¡Basta de historias!*, Debate, México, 2010, p. 15.

matemáticas, ciencias y comprensión para adolescentes de 15 años (tercero de secundaria). En esas pruebas México registra el último lugar de la OCDE, y queda un poco arriba de Argentina, Brasil y Colombia.* Pero en el apartado clave del número de jóvenes que en matemáticas suman más de 625 puntos de un total de 800, sólo hay 4 mil 500 mexicanos en un universo mundial de 2 millones de alumnos. La India tiene 140 mil jóvenes con esos promedios y Corea del Sur 125 mil.[19] Es de-

---

* Argentina tiene el lugar 51, Brasil el 52 y Colombia el 53 de los 57 países sometidos a la prueba. México queda en el lugar 49, debajo de Chile, 40 y de Uruguay, 43. Es cierto que la diferencia de resultados entre todos los países de América Latina incluidos en la prueba es pequeña, y que todos los resultados latinoamericanos son bastante mediocres. (Programa para la Evaluación Internacional de Alumnos, 2006, OCDE, Francia, citado por Andrés Oppenheimer en *¡Basta de historias!*, Debate, México, 2010.)

[19] World Economic Forum, "Producing Superstars For the Economic Mundial: The Mexican Predicament with Quality of Education", *The Mexico Competitiveness Report 2009*, United States, 2009, p. 73, http://www.weforum.org/pdf/Mexico/MCR_2009.pdf citado por Andrés

cir, que la India coloca 27 veces más alumnos de secundaria que México en los niveles más elevados, teniendo sólo 10 veces más población, y un ingreso *per cápita* cinco veces inferior. Corea del Sur coloca casi 30 veces más, con la mitad de la población, y un ingreso *per cápita* del doble.[20] En este rubro particular, México sale peor que los demás países latinoamericanos. No es el mejor aviso que pueda recibirse sobre los mejores alumnos que tenemos, las mayores promesas de liderato competitivo y bien educado del país.

Oppenheimer en *¡Basta de historias!*, Debate, México, 2010, p. 57.

[20] *Ibid.* Los datos de la población de los países se obtuvieron de CIA World Factbook, "Country Comparison: Population", CIA, Estados Unidos, noviembre 2010, https://www.cia.gov/library/publications/the-world-factbook/rankorder/2119rank.html?countryCode=al&rankAnchorRow=#al. Los datos de PIB *per cápita* de los países mencionados provienen de CIA World Factbook, "Country Comparison: GDP-Per Capita (PPP)", CIA, Estados Unidos, noviembre de 2010, https://www.cia.gov/library/publications/the-world-factbook/rankorder/2004rank.html

Escuelas completas

La mayor aberración educativa de todos los días nos es tan familiar que apenas hablamos de ella. Se trata de las pocas horas de clase. Las mexicanas son escuelas de medio tiempo, con cuatro horas y media de clase al día, y 200 días educativos al año, menos un viernes para reuniones sindicales y lo que se acumule por paros, inundaciones, terremotos, "puentes" nuevos y "puentes" resucitados.

En su indispensable libro *Outliers*, Malcolm Gladwell se pregunta por qué el rendimiento escolar de los niños asiáticos es superior al de los estadunidenses. Su respuesta es que van más días y están más horas de cada día en la escuela. En Estados Unidos se imparten 180 días de clase al año, en Corea del Sur 220, 243 en Japón, días de aproximadamente ocho horas al día. El número de horas de clase explica también, según Gladwell, por qué hay escuelas buenas en barrios pobres —una en el Bronx, otra en Baltimore— y escuelas malas en barrios ricos.[21] Quizá esto mismo dé razón de por qué los niños mexicanos salen tan mal en las pruebas internacionales de rendimiento educativo. El año oficial de primaria en México es de 200 días de clase al año, pero el promedio real termina cerca de los 180 días, igual que Estados Unidos, pero 25 por ciento menos que Japón y Corea. Sólo que el día escolar mexicano es de cuatro horas y media, mientras que en la escuela del Bronx estudiada por Gladwell, los niños entran a las siete y media de la mañana, permanecen en clase hasta las cinco de la tarde y algunos se quedan en clubes de tarea o en equipos deportivos hasta las siete. La mezquindad de la jornada escolar mexicana quizás explica también los resultados de otra comparación pertinente y trágica, a saber: que el rendimiento educativo de jóvenes mexicanos en Estados Unidos es inferior no sólo al de sus pares anglo o asiaticoamericanos, sino también al de

---

[21] Malcolm Gladwell, *Outliers*, Little, Brown and Company, Estados Unidos, 2008, pp. 259-60. Hay version en español: *Fueras de serie*, Taurus, México, 2009.

salvadoreños, guatemaltecos, filipinos, chinos, coreanos, vietnamitas y camboyanos. El nivel socioeconómico del migrante mexicano no es inferior al de esas otras nacionalidades, salvo en el caso de los coreanos. Los mexicanos que emigran no son más pobres que los salvadoreños o los filipinos, ni desde luego más tontos o más inteligentes. La única explicación de su bajo rendimiento es su educación previa, la que recibieron en México.*

---

* El estudio comparativo del que hablamos, publicado por la Universidad de California en Irvine, toma dos criterios: el porcentaje de alumnos de preparatoria que obtienen calificaciones de 9 o 10 y el porcentaje de jóvenes de más de 25 años que tienen una licenciatura. Los resultados mexicanos son pobres. En el primer criterio, sólo 12.9 por ciento de los mexicanos tienen calificaciones de 9 a 10 (A en el sistema de Estados Unidos). Para los salvadoreños y guatemaltecos es de 14.5 por ciento, otros latinos 26 por ciento; filipinos 32.2 por ciento; chinos 50.9 por ciento; coreanos 50 por ciento; vietnamitas 45.4 por ciento, y camboyanos 20 por ciento. En cuanto a los que obtienen licenciatura, la cifra para mexicanos es de 17.6 por ciento; para salvadoreños y guatemaltecos es de 24 por ciento; otros latinos 36 por ciento; filipinos 43 por ciento; chinos 81.8 por ciento; coreanos 77.2 por ciento; vietnamitas 58.5 por ciento. Sólo se salva el honor

Además de un salto cualitativo, como sugerimos en *Un futuro para México*, la educación mexicana requiere un salto cuantitativo: el de las horas de clase de la jornada escolar, rumbo a un sistema de escuela completa, donde los alumnos convivan y estudien la mayor parte del día. Las ventajas de la escuela de tiempo completo son evidentes en términos educativos, por el tiempo de aprendizaje, y en términos sociales y familiares porque las escuelas se vuelven resguardo seguro y produc-

---

patrio frente a los camboyanos, que tienen 16 por ciento, un punto y medio debajo de nosotros. Ciertamente, la comparación es imperfecta porque algunos vietnamitas, camboyanos y salvadoreños son hijos de refugiados quizás con un nivel socioeconómico superior; y quizás parte de la educación de los mexicanos ya la recibieron en Estados Unidos. El estudio sólo abarca California, aunque ese estado incluye la mitad de la población mexicana. *Children of Immigrants Longitudinal Study* (CILS), 2006, Universidad de California en Irvine, Estados Unidos, citado por Jason DeParle en "Struggling to Rise in Suburbs Where Failing Means Fitting In", *The New York Times*, abril 18 de 2009. http://www.nytimes.com/2009/04/19/us/19immig.html?pagewanted=1&sq=university%20of%20california%20in%20irvine%20mexicans%20april%202009&st=cse&scp=3

tivo para hijos de padres que trabajan. Pero las escuelas de jornada completa, que incluyen desayuno y almuerzo, hay que pagarlas y cuestan desde luego más de lo que invertimos hoy en educación. La escuela completa supone un salto presupuestal de tamaños históricos, inimaginable en las condiciones de raquitismo fiscal del país.

Es ilusorio pensar que los recursos adicionales que requiere la escuela completa vendrán de los presupuestos federales. Deben empezar a venir de la comunidad, de los impuestos locales, en particular del predial. Las ciudades y pueblos de México deben poder escoger, mediante su decisión de pagar impuestos etiquetados para la educación, qué clase de escuela quieren para sus niños y jóvenes. La federación deberá cuidar el financiamiento pleno de las comunidades pobres que no están en condiciones de pagar el mejoramiento de sus escuelas. Pero la inmensa mayoría del México urbano, que es la absoluta mayoría nacional, puede pagar, en impuestos etiquetados o contribuciones directas, los costos de una escuela completa para sus hijos, la escuela que ellos y sus hijos necesitan y que ambos están lejos de tener.

En octubre de 2010, la Secretaría de Educación Pública resolvió que en el Distrito Federal no habría más escuelas de tiempo completo, al menos durante este sexenio. A los 380 planteles que operan de las ocho de la mañana a las cuatro de la tarde y en donde los alumnos, además de tomar clases, hacen la comida fuerte del día, no se agregará ni uno más. Sólo crecerán los planteles de jornada ampliada que tienen también seis horas de clase y media de recreo, pero no incluyen la hora y media del almuerzo. La razón esgrimida por la SEP fue que la infraestructura de los planteles no permite construir comedores ni cocinas.[22] La diferencia no es importante desde el punto de vista escolar, pero puede ser decisiva para las madres que acaban de trabajar fuera del hogar antes del almuerzo, pero necesitan una o más horas para salir del empleo y recoger a los niños, o esperarlos en

---

[22] Mirtha Hernández, "Congelan plan para escuelas", *Reforma*, México, 17 de octubre de 2010.

casa.* El hecho es que al igual que en los dos sexenios anteriores, la jornada completa no se habrá puesto en práctica durante éste, y que el salto cuantitativo que requiere la educación mexicana hacia la escuela completa no se resolverá en el ámbito educativo, sino en el ámbito fiscal y, antes, en el mental, pues la ceguera compartida hacia las debilidades ho-

---

* Hay condiciones favorables para intentar esta reforma. En México desciende rápidamente el número de niños en edad de primaria y se puede suprimir el turno vespertino en muchas primarias para dedicar las aulas vacías a la jornada ampliada. El SNTE sostiene que siempre ha estado a favor de la jornada completa, y que incluso es parte de la Alianza por la Calidad Educativa. Pero su apoyo al proyecto es meramente formal ya que ni el sindicato ni su lideresa han hecho de ésta la máxima prioridad de la reforma en educación primaria. Respaldar esta propuesta entre otras muchas es como no hacerlo, pues se requieren cambios muy importantes, sobre todo para los maestros que tienen doble plaza o doble turno y que en realidad es uno solo pagado al doble para complementar el bajo ingreso de un turno. Sin el sindicato de maestros no se puede hacer la jornada completa; pero hasta ahora no ha sido la prioridad del sindicato ni es, quizá, la convicción del magisterio.

rarias de la educación es de una autocomplacencia suicida.

Todo el poder a los niños

Si el nuevo silabario del mundo es internet, mantener a los niños que estudian fuera de él es mantenerlos en una forma moderna de analfabetismo. Tan importante como poner libros de texto en las manos del alumno es poner una computadora que lo conecte con el mundo —y con los libros—. Es fundamental dar a cada niño una computadora y conectividad, para que las usen en la escuela y en su casa, con las guías de enseñanza y los libros de texto incorporados, como un Kindle o un iPad, sin tener que imprimirlos por millones cada año, ni cargarlos en la mochila. Lo ha hecho en dos años Uruguay, entregándole una laptop básica a cada uno de los 350 mil alumnos de primaria en el país, un país que ha crecido los últimos ocho años un promedio de 6.8 por ciento, ha reducido la pobreza a 18.1 por ciento y ocupa el primer lugar de América Latina en el Índice de Desarrollo Humano de la ONU. El proyecto uruguayo definió cuatro principios: Principio de saturación: cada niño tiene una laptop de su propiedad, única vacuna personal contra la brecha digital. Principio de edad temprana: desde niños de primaria que no necesitan saber leer y escribir para usar la computadora, cuyo manejo se extiende a la casa en donde se usa más intensiva, incluso familiarmente. Principio de conectividad: la computadora está diseñada para crear un ambiente de red inalámbrica: una se conecta a otras y cuando hay internet, una puede dar señal a otras. Principio de software libre u *open source*: mediante el uso de sistemas innovadores cada niño aprende y enseña.

En México harían falta 14 millones 600 mil computadoras para poner una en las manos de cada mexicano de entre seis y 12 años. Se antoja una cifra más que accesible, en realidad relativamente baja para un país del tamaño y los recursos de México, teniendo en cuenta que una computadora básica no rebasa los 200 dólares de costo unitario. Hablamos de un monto de 3 mil millones de dólares para un país que gasta unos 2.5 mil millones cada año en el presupuesto de su mayor casa de estudios superiores, la UNAM, cuya matrícula apenas rebasa los 300 mil estudiantes.[23] Detalle clave: la entrega gratuita de laptops para sus niños fue financiada en Uruguay por un incremento especial del impuesto predial a cada uruguayo: una carga pesada que impuso uno de los gobiernos más de izquierda y aceptó tranquilamente una de las sociedades civiles más combativas de América Latina.*

---

[23] Los datos del presupuesto provienen de "Presupuesto original, comparativo 2009-2010 (millones de pesos)", UNAM, México, p. 8, http://www.economia.unam.mx/avisos/infcon.pdf; las cifras de la matrícula de estudiantes se obtuvo de "Alumnos en el ciclo escolar 2009-2010", Agenda Estadística 2010, UNAM, México, http://www.estadistica.unam.mx/numeralia/

* Un ejemplo de la computadora básica de la que hablamos es el modelo XO OLPC (One Laptop Per Child), desarrollada en el MIT Media Lab por Nicholas Negroponte. Se trata de una laptop dotada de lo necesario para asegurar conectividad y accesibilidad para niños de primaria, es decir, de seis a 12 años, en los países pobres del mundo. El proyecto se logró gracias a donativos de muchas empresas internacionales, incluyendo las del mexicano Carlos Slim. Vale 200 dólares. Es filantropía, no negocio: se paga lo necesario para producir y colocar una

Si no se da poder de conocimiento a los niños a través de la tecnología, la conectividad, el aprendizaje no memorista y el trabajo en equipo, tanto en casa como en la escuela, no será posible remontar el rezago educativo digital. Poco logrará cualquier "nuevo proyecto" de "nueva revolución educativa" si no se pone en manos de los alumnos el instrumento clave —por excelencia democrático y accesible— de la nueva civilización. Tampoco éste es un problema que se resolverá sólo en el entorno educativo, pues apunta al corazón

---

XO en manos de cada niño y profesor, sin utilidad alguna. Se pagan sólo los costos para que el proyecto siga funcionando. Algunas evaluaciones iniciales y no concluyentes de estos proyectos por parte de instituciones financieras internacionales sugieren un impacto ambivalente de la entrega de computadoras a los niños. En sí misma, y sin conectividad, sin software educativo especial, sin apoyo técnico y educativo a los maestros, sin que los niños las lleven con frecuencia a casa, y en el muy corto plazo (tres meses), la entrega no mejora los resultados en diversas pruebas. A la inversa, cuando se garantiza la conectividad, el software dedicado, la entrega a los maestros y la preparación de los mismos, el uso en casa y un mayor plazo de duración (un año), sí se producen mejoras notables.

mismo de la premodernidad del país, donde la penetración de la internet y de la banda ancha son muy bajas.*

El país entero, no sólo sus niños y sus escuelas, vive en una forma de la edad de piedra digital. La penetración de banda ancha en México es de 9.2 suscriptores individuales por cada 100 habitantes. El promedio de los países de la OCDE es de 23.[24] La banda ancha mexicana es la más cara y más lenta de todos los países de esa organización. Un tema central de la modernización educativa de México tendrá que resolverse en su sector de telecomunicaciones, uno de los menos dinámicos por el lento desarrollo en que lo tienen sumido la indecisión de la autoridad y la resistencia de las empresas del sector que luchan para conservar sus capturas previas y limitar el acceso

---

* A propósito de Uruguay, ver el libro de Andrés Oppenheimer, *¡Basta de historias!*, pp. 306-316, de la editorial Debate, México, 2010.

[24] OCDE, "OECD Fixed broadband subscribers per 100 inhabitants, by technology", París, Francia, diciembre, 2009, http://www.oecd.org/document/54/0,3343,en_2649_34225_38690102_1_1_1_1,00.html

a nuevos competidores. Si la nueva riqueza de las naciones no se mide ya en ingreso sino en banda ancha *per cápita*, México es un país muy pobre. Su pobreza digital es mayor que la social y la económica.

Evaluar es educar

Hemos dicho en *Un Futuro para México* que el instrumento central del cambio educativo es la evaluación con consecuencias: la evaluación que mide, premia y corrige. No hay tal cosa en México, aunque existe una venturosa e incontenible espiral de pruebas internacionales, mediciones independientes y evaluaciones del propio sector educativo, cuyos resultados reúnen el primer requisito de eficacia que deben tener: se hacen públicos. Pero la resistencia es sólida y más pública aún, incluso de alta visibilidad política, lo que significa que el camino al cambio necesario es largo, tal como lo ilustran dos ejemplos.

Primer ejemplo: la ley general de educación de 1993 estableció como un mandato a la autoridad escolar "hacer lo conducente para que en cada escuela opere un consejo escolar de participación social integrado con padres de familia y representantes de sus asociaciones, maestros y representantes de su organización sindical, directivos de la escuela, ex alumnos, así como con los demás miembros de la comunidad interesados en el desarrollo de la propia". En junio de 2010, 17 años después de emitida la norma, el secretario de Educación Pública reveló que sólo 88 mil de las 196 mil escuelas que hay en el país habían logrado integrar los dichos consejos, y que la mayor parte de ellos son "infuncionales".[25] Las autoridades de las mencionadas 108 mil escuelas no habían cumplido con la ley. Como tantos preceptos legales de México, éste no prevé ninguna sanción por desobedecerlo, y es lo que deja sin sanción a los directores de al menos 108 mil escuelas. La escuela pública mexicana ha estado cerrada, desde los años treinta del siglo pasado, a la participación de los pa-

---

[25] Nurit Martínez y Jorge Ramos, "La SEP da poder a padres de familia", *El Universal*, junio 9 de 2010, http://www.eluniversal.com.mx/notas/686402.html

dres de familia en su control y desempeño. Es una mutilación mayor que ni maestros ni autoridades parecen dispuestos a remediar. A la inversa, en Brasil, donde empieza a surgir una mejora educativa en un panorama tan desolador como el nuestro, el proyecto de "Todos pela educaçâo" es un esfuerzo de la sociedad entera: gobiernos federal, estatal y municipal, empresa privada, padres de familia, organizaciones de la sociedad civil, sindicatos, etcétera. Se trata de meter a la sociedad a la escuela, partiendo de un hecho sencillo: el gobierno solo no puede remontar tal rezago.

Segundo ejemplo: en 2009 se difundieron los resultados del primer Examen Nacional de Habilidades y Competencias Docentes para ocupar plazas vacantes. De los 71 mil maestros examinados, sólo 32 por ciento aprobó; 68 por ciento no. Para 2010 se modificó la presentación de los resultados y aumentó el número de postulantes e incorporados: llegaron a ser unos 40 mil los maestros evaluados y aprobados, pero ahora sólo con dos categorías básicas: aceptable y nivelación, eufemismos para significar aprobación/

reprobación a medias.[26] Apenas la cuarta parte de los postulantes logró el nivel de "aceptable". Si se llegaran a concursar siempre 40 mil plazas al año, como se hizo en 2010, el país tardaría un cuarto de siglo en renovar a sus maestros. Se necesita transformar la educación del país con los maestros de hoy, no con los que habrá dentro de 25 años.

Durante nuestros viajes de presentación de *Un futuro para México* sostuvimos reuniones con maestros y dirigentes del sindicato magisterial, aceptadas sin condiciones por la dirección gremial, cuya apertura al debate reconocemos. Decidimos empezar todas las reuniones con los maestros leyendo los pasajes críticos de nuestro ensayo, algunos hipercríticos, sobre los monopolios sindicales y sobre la "catástrofe silenciosa" de nuestra educación. Hablábamos después con agenda libre. Los maestros tienen la costumbre de dar clases y monopolizan el micrófono. Al principio, igual que nosotros, hablaban de más y era difícil sacarlos de la agenda sindical. Pero

---

[26] Fuentes propias.

pasado un tiempo se abría una discusión de fondo no sólo sobre el sindicalismo, sino también sobre la educación. Descubrimos, con sorpresa, que maestros y líderes sindicales no rechazan por principio las tesis de la pluralidad sindical que habíamos propuesto en nuestro ensayo, mucho menos la de la pluralidad política dentro del sindicato. Tampoco están en contra de que las cuotas sindicales sean voluntarias, de la transparencia en su destino, ni de la conveniencia de suprimir las cláusulas de admisión y exclusión de la Ley Federal de Trabajo.

En materia educativa, sin embargo, se muestran más que renuentes ante el principio de la evaluación, en particular de las evaluaciones internacionales, así como la idea de sujetar los sueldos y puestos a los resultados de ella. No comparten la idea de que los padres de familia y los municipios contribuyan a los gastos de las escuelas, y viven perseguidos por el fantasma de la privatización, a la vez que entienden que ésta sucederá si no mejora la educación básica pública, como ha acontecido en la educación superior, donde ya la tercera parte de la oferta educativa es privada.

La falta de evaluación con consecuencias —salariales, laborales y administrativas— es la carencia clave de la modernización educativa de México, pero la resistencia a medir la calidad de este bien público es enorme. Los maestros de México han sido formados en lo fundamental bajo el esquema educativo de los años sesenta y setenta del siglo pasado, cuando la prioridad era alfabetizar a una población infantil que crecía a tasas explosivas, de casi cinco por ciento anual.[27] Los métodos de enseñanza, las costumbres docentes, su formación y la misión que se les encomendó no pueden transfigurarse en un plazo breve. De ahí, en gran parte, la reticencia a la evaluación. Los maestros sienten que las autoridades educativas los llenan de nuevos planes y nuevos materiales conforme las ocurrencias

---

[27] Germán Sergio Monroy Alvarado, "La Reforma Educativa", el texto es parte de una conferencia presentada en la Escuela Superior de Guerra, Secretaría de la Defensa Nacional, México, 1997, p. 6.

de cada administración, y que su ingrata obligación consiste en aprender cada tantos años métodos y materiales que deben desaprender poco después, cuando llega la siguiente idea "innovadora". Diría Spinoza que los maestros mexicanos perseveran en su ser natural: siguen haciendo lo que saben hacer. No vamos a transformar la educación en México sin los maestros, sin su capacitación, evaluación y mejoramiento de sus salarios y el respeto de la sociedad. Pero los maestros no se transformarán a sí mismos sin salir al campo abierto de la evaluación con consecuencias.

Nuestra impresión es que los maestros tienen más cosas interesantes que decir sobre educación que sobre sindicalismo, pero que la batalla sindical con las autoridades del sector apenas deja oír las voces magisteriales. Los planteamientos educativos de los maestros no calan porque están plasmados en interminables y farragosos documentos de sus congresos, cuya debilidad mayor es que no se concentran en uno o dos temas, sino que se despliegan en 50 prioridades hasta perder fuerza y credibilidad. Hay, sin embargo, una voz magisterial, distinta de la voz sindical, que apenas se deja oír en el debate público sobre la educación en México. Los maestros que vimos, al igual que los estudiantes que conocimos, tienen ideas y experiencias, pero carecen de agenda y de un camino claro para cerrar la brecha entre la educación que imparten y la que quisieran brindar. Comprenden los obstáculos que hay entre ambas, pero no ven el liderazgo educativo y político (el sindical es otra cosa: absorbe, por ausencia, los otros dos) que conduzca al país de la educación que tenemos a la educación que queremos tener.

Nadie niega que la evaluación puede convertirse rápidamente en "evaluacionitis", y que en todos los países donde existe y se extiende se ha generado un fuerte debate al respecto: los pros y contras, los méritos y las desventajas respectivas de cada método son objeto de una vigorosa discusión. Pero algunos principios generales empiezan a hacer su camino, y debieran aplicarse en México. Algunos ya existen en el papel a partir de la Alianza por la Calidad Educativa, pero en los hechos no se dan, o sólo a medias. Falta poner en práctica los principios básicos de toda evaluación educativa eficaz. En primer lugar, la difusión de resultados: los *rankings* de las escuelas públicas, desde la primaria hasta las universidades, deben ser públicos, fácilmente accesibles a todos, empezando por los alumnos y sus padres, pero también a funcionarios y comentócratas. No hay ninguna razón para esconderlas; si hace falta explicar las razones del éxito y del fracaso, que se haga. Se ha insistido tanto en ésto que no vale la pena reiterarlo.

En segundo lugar, la evaluación debe ser multifacética, debe incluir pruebas a los niños de primaria y secundaria (ENLACE), pero también pruebas a los maestros (no sólo por concurso de oposición para plazas vacantes), evaluación de maestros a maestros, evaluación de escuelas (retención escolar, índice de aprobación) y evaluación de estados por su rendimiento, inversión y calidad escolar.* El tercer

---

* Al respecto, es interesante el ejercicio hecho por Mexicanos Primero a través de su Índice de Desempeño Educativo Incluyente.

principio es el que debe haber premios y castigos, para maestros, escuelas y estados, no sólo en función de resultados, sino de aceptación y realización de reformas acordadas con el centro (la SEP).* Por último, cuarto

---

* El caso de la gran reforma educativa de Obama y de su notable secretario de Educación, Arne Duncan, "Una carrera hacia la Cima" (*Race to the Top*), es ilustrativa. Se creó una bolsa federal de más de 4 mil millones de dólares para repartir entre los 50 estados de la unión (recuérdese que en Estados Unidos todo el financiamiento de educación de primer a duodécimo grados es municipal), según el criterio de qué tantas reformas federales ponía en práctica cada estado, entre ellas, por ejemplo, suprimir la definitividad (la "base" o "planta" en la jerga mexicana) y el pago por antigüedad, o cerrar las escuelas que de plano no funcionan y no tienen remedio. Hay escuelas que merecen ser cerradas en las ciudades más ricas de Estados Unidos y de Europa, así como en Chiapas y Oaxaca. El principio del premio y castigo es claro, aunque teñido de injusticia: los mejores alumnos, los mejores maestros, las mejores escuelas y los mejores estados son premiados. No es ideal: puede reproducir y profundizar las desigualdades o brechas. Y tendrá que ser complementado y contrarrestado por algún tipo de política proactiva. Pero como principio, parece ya difícil de rechazar. Como parece difícil, dadas las terribles deficiencias de la educación básica en México, el rechazar la evaluación debido a las injusticias

principio, admitir la posibilidad del despido de maestros y directores, y del cierre de escuelas disfuncionales, con todas las garantías, fiscalizaciones y transparencia necesarias. La inmovilidad laboral de maestros y directores, y la práctica imposibilidad de cerrar un plantel que no sirve, o cuya existencia ya no se justifica, es un gran dique a la evaluación con consecuencias y a la rendición de cuentas y resultados en materia educativa.

Sindicato y educación

Un problema conceptual de fondo es que el debate educativo en México no está centrado en la educación, sino en el sindicato. Pocas cosas pueden haber empobrecido más la discusión nacional sobre el tema como haber mezclado las conquistas sindicales con las decisiones educativas. El sindicato magisterial es

---

que puede generar, o a las dificultades inherentes, o a las consecuencias perversas, o a las manipulaciones posibles (en lugar de evaluar para enseñar mejor, enseñar para ser mejor evaluados).

poderoso pero su poder no mejora la educación, mejora el poder del sindicato. Poder en este caso no es prestigio. De hecho, es lo contrario: entre más poderoso y más visible es el sindicato magisterial, más expuesto a la crítica y al consenso negativo. En todas partes se le ponen peros y se le cuelgan culpas. Si quiere conservar algo de su poder, que no se puede ejercer largamente sin una legitimidad básica, el sindicato de maestros debe ser el primer interesado en separar los intereses sindicales de las decisiones educativas. Quizá no hay mejor ejemplo de lo que ésto significa, y de lo que significaría en el cambio cualitativo de la educación mexicana, que el de los nombramientos de los directores de las escuelas públicas.

La experiencia demuestra que una escuela tiende a ser tan buena o tan mala como su director. Se trata de un universo pequeño, de tamaño humano, donde el liderato hace la diferencia, para bien y para mal. Hay 200 mil escuelas de educación básica en México. Si el nombramiento de los directores de esas escuelas fuera decidido por los méritos estrictos de los aspirantes, y no por la influencia política y clientelar del sindicato, en poco tiempo tendríamos escuelas con directores competitivos, directores que transformarían sus escuelas en microcosmos eficientes, directores comprometidos cuya presión desde abajo, desde las necesidades reales de cada escuela, sería un poderoso motor de cambio, de cancelación de inercias, de decisiones virtuosas. Los altos círculos del sindicato y la burocracia educativa están acostumbrados a las negociaciones cupulares pero no a la presión desde abajo, de escuelas y directores reales, independientes, competitivos.

Como dijimos antes, hay al menos 108 mil directores de escuelas públicas que no han cumplido la ley que los obliga a instalar en sus centros escolares consejos de participación ciudadana, espacios para los padres de los niños que estudian en la escuela y para la comunidad donde la escuela está situada. Son directores que han incumplido la ley. Podría dárseles de baja y abrir un concurso basado en méritos para designar a sus sustitutos, condicionando el nombramiento a los resultados del concurso. Esta sola decisión revolucionaría la realidad educativa del país, y el sindicato, si pensara en su futuro estratégico, debiera ser el primero en dar paso a directores meritocráticos que no son sus clientes políticos, sino simples maestros capaces de organizar a otros maestros, no para la política, sino para la escuela. La encuesta de GAUSSC indica que a pesar de todas las críticas, el maestro —junto con el cura y el doctor— es la persona a la que se confiaría el futuro de los hijos: la confianza está, no se debe seguir desperdiciando.

Hay que separar los intereses del sindicato de las decisiones de la educación. La educación de México no requiere tener al frente a un gran intelectual o un gran educador, sino a un gran desindicalizador en el sentido que hemos apuntado: dar al gremio lo que es del gremio y a la escuela lo que es de México, a saber, una educación de calidad.

3. El desafío de la seguridad

La seguridad es el espejo último de cómo funciona el Estado de derecho en un país. Durante una visita a México en el otoño de 2010, el ex presidente colombiano César Gaviria advirtió con lucidez y elocuencia: "Si creen en México que son sólo las policías las que están corrompidas están completamente equivocados". A partir de la autorizada experiencia colombiana, Gaviria recordó que no sólo había que hacerse cargo de los policías corruptos, como ha sido el énfasis mexicano, sino de todo sistema judicial, ya que ahí donde había policías corruptos habría seguramente jueces, fiscales, alcaldes, militares y políticos corrompidos también. El eslabón verdaderamente clave para combatir al crimen organizado no es depurar policías, añadió Gaviria, sino hacer que funcione el sistema de justicia, porque éste es el que permite castigar los delitos, procesar a los responsables y contener la impunidad. La piedra de toque, la solución de largo plazo, es construir un sistema de procuración de justicia que garantice la aplicación de la ley y el castigo a los culpables.[28]

---

[28] Héctor Aguilar Camín, "La advertencia de Gaviria", *Milenio*, 15 de octubre 2010.

La debilidad del Estado de derecho y de la procuración de justicia es lo que está detrás del diario desaguisado mexicano de detenidos que no pueden ser encarcelados por defectos del proceso acusatorio. Mientras no se detenga a los delincuentes y se les sujete a debido proceso penal, el temor a la ley será cosa de risa y la justicia cosa de excepción. El verdadero guardián de la seguridad pública no es la policía limpia sino el respeto a la ley. Y ese respeto sólo se siembra en la conciencia de la ciudadanía cuando hay temor al castigo, la certidumbre de que quien viole la ley será castigado. El ejército a vencer en la materia no es sólo el crimen organizado, sino la estadística populosa de la impunidad, el hecho increíble de que en México sólo se castiguen cinco de cada 100 delitos que se cometen. La impunidad es la otra cara de la misma moneda: la inseguridad.

Propusimos en *Un futuro para México*, y lo sostenemos y ampliamos ahora, la conversión de la Secretaría de Gobernación en un Ministerio del Interior, responsable nacional de este problema. Propusimos, también, la creación de una policía nacional única optativa, a cuyo esquema pudieran adherirse libremente los estados que se sintieran rebasados por la inseguridad, quedando los demás, los que rehusaran la entrada, como responsables plenos, únicos y exclusivos de los problemas de seguridad de su territorio. La solución al problema mayúsculo de la inanidad e ineficacia de las policías locales, talón de Aquiles de la seguridad pública nacional, ha tomado el rumbo de crear policías estatales de mando único, que absorberán a las policías municipales. Es un paso intermedio en el buen camino, aunque presenta serias lagunas en materia del asunto fundamental: quién responde por la seguridad en cada estado, quién está obligado a rendir y pagar cuentas políticas por esa responsabilidad.

También deja intacto el verdadero reto del mando único: el horizontal, entre el Ejército, la Marina, la Secretaría de Seguridad, el Cisen y la PGR. En teoría, el comandante-en-jefe es el presidente de la República, pero no lo puede ser en el mando operacional, cotidiano. ¿Quién sí? Una de las ventajas del Ministerio del Interior es que no sólo unifica a todas las policías verticales (municipal, estatal y federal), sino que reduce el número de instancias horizontales al quedar bajo un solo liderazgo, SSP y PFP, AFI o policía ministerial nueva, Cisen y cualquiera que sea el brazo armado de la PGR. El ministro del Interior es el que coordina y delega, pero sobre todo tiene el mando único y la responsabilidad directa. Si se despolitiza al máximo ese ministerio y se le brinda la fuerza necesaria, buena parte de las insuficiencias de coordinación del esfuerzo de seguridad quedarían paliadas. Y si se contemplara el nombramiento de un secretario de la Defensa Civil, en una Secretaría de las Fuerzas Armadas que incluyera a la Marina, empezaría a resolverse también otra parte: la delegación presidencial no sería irregular ni sesgada, sino constitucional y equilibrada.

Propusimos, asimismo, una estrategia de seguridad pública basada en dos cuestiones que queremos ampliar aquí: 1. Atacar no el tráfico de drogas sino sus daños colaterales, aquellos que afectan a la ciudadanía: homicidio, secuestro, extorsión, violencia en los espacios públicos. 2. Despenalizar el consumo de drogas. Ambas cuestiones han ganado pertinencia en el último año, dado los resultados contradictorios de la estrategia actual y el avance de la discusión mundial sobre la conveniencia de la legalización de las drogas.

Hablemos primero de la estrategia actual y de las posibilidades de corregirla. La estrategia vigente del combate a las drogas en México plantea cuatro objetivos: 1. Fortalecer las instituciones de seguridad. 2. Disminuir, detener o evitar el consumo de drogas. 3. Desarticular las organizaciones criminales. 4. Recuperar los espacios públicos y reducir la violencia.

Los objetivos parecen lógicos y complementarios, pero estudios recientes, como los realizados por Eduardo Guerrero, muestran que han sido contradictorios en sus efectos.[29] Por ejemplo: desarticular las organizaciones criminales mediante la captura o muerte de

---

[29] Eduardo Guerrero Gutiérrez, "Los hoyos negros de la estrategia contra el narco", *nexos*, agosto 2010, http://www.nexos.com.mx/?P=leerarticulo&Article=248547

sus líderes "no sólo no impide la recuperación de espacios públicos buscada, sino que propicia la invasión de nuevos espacios por las organizaciones criminales". En el año 2007 había presencia de cárteles en 21 estados de la República. En 2010 subió a 29. En 2007, lo normal era la presencia de uno o dos cárteles por estado. En 2010, nuevas organizaciones como Los Zetas, el Pacífico Sur y La Barbie habían logrado establecerse velozmente en 19, cinco y cuatro estados respectivamente.[30] El descabezamiento de los cárteles ha producido su atomización, la atomización de un mercado más competido, y la competencia entre más bandas, más violencia y ejecuciones entre ellas.

Medidos en términos de la generación de la violencia que sacude a la ciudadanía, las cifras de Guerrero dicen cosas tan incómodas como las siguientes: 1. La captura o muerte de capos mayores aumenta por largo tiempo la violencia, por el pleito subsecuente de sustitución, normalmente resuelto a tiros. 2. Los

---

[30] *Ídem.*

decomisos de armas y dinero, en cambio, reducen la violencia subsecuente al decomiso. 3. Los decomisos de cargamentos de drogas aumentan la violencia subsecuente, pues desatan represalias draconianas contra propios y ajenos por la pérdida. 4. Las capturas o muertes de jefes de sicarios y de sicarios, por el contrario, disminuyen la violencia, pues dejan a las organizaciones un tiempo sin sus brazos armados.

En suma, desde el punto de vista de la reducción de la violencia, que es la que afrenta a la ciudadanía, lo que habría que hacer es concentrar la lucha contra el crimen en la captura de sicarios, armas y dinero, dejando a un lado la captura de grandes capos y los grandes decomisos. Para ello urge no sólo cambiar la estrategia, sino empezar a pensar el problema de otra manera sobre un eje nuevo: no perseguir el tráfico sino la violencia y el crimen asociados a él. Ahora bien, si no queremos fortalecer al estado cínico que aplica la ley que le conviene y descuida la otra, es necesaria la segunda parte de nuestra propuesta: despenalizar las drogas.

En un amplio informe sobre el asunto, la revista *nexos* de octubre 2010 resumió su posición en un editorial que asumimos plenamente. El "consenso punitivo mundial", dijo la revista, "vive una crisis de eficacia global". Sus objetivos declarados, firmados por todos los países de la ONU en 1998 son "reducir tanto la oferta ilegal como la demanda de drogas". Nada de ésto ha sucedido, el consumo sigue estable, si no creciendo, en los países consumidores, mientras los países de producción y paso, como Myanmar, Irán, México o Colombia "han pagado en desarticulación institucional, violencia, inseguridad y corrupción, costos superiores a los que el consumo de las drogas prohibidas hubiera provocado en su salud, su economía o su equilibrio social".

Los esfuerzos mexicanos en la materia, dice el editorial de *nexos*, "admiten la comparación con el mito de Sísifo, condenado a subir una piedra montaña arriba sólo para que al llegar a la cima la piedra ruede cuesta abajo, y haya que subirla de nuevo". Lo cierto es que la "prohibición impide una política integral de salud sobre las drogas porque niega la realidad", ya que "no podemos pensar un mundo sin drogas", pero sí en "un mundo capaz de controlar razonablemente su uso de las drogas". La prohibición impide también "una política eficiente de seguridad pública", sigue *nexos*, pues "otorga rentas demasiado altas al crimen".

Son esas rentas las que permiten al crimen organizado corromper, reclutar y armarse desmesuradamente. La prohibición es lo que hace que un kilo de mariguana en México valga 80 dólares mientras ese mismo kilo vale 2 mil dólares en California; que un kilo de cocaína valga en una ciudad fronteriza mexicana 12 mil 500 y 26 mil 500 en la vecina ciudad estadunidense; que un kilo de heroína valga en México 35 mil dólares y 71 mil en Estados Unidos.[31] Terminar la prohibición, legalizar las drogas, no es una panacea (lo hemos repetido hasta la saciedad), pero sí un camino cierto a la reducción de las rentas exuberantes

---

[31] "Legalizar. Un Informe", *nexos*, octubre de 2010, http://www.nexos.com.mx/?P=leerarticulo&Article=575418

del tráfico y a la reducción, por tanto, del poder criminal de los narcotraficantes.

4. El peso del pasado

Desde el arranque de *Un futuro para México* sostuvimos que el país seguía preso de su historia, y que buena parte de sus tribulaciones provenía de esta tara. A lo que no respondimos fue a la pregunta de ¿por qué?, y esa pregunta saltó siempre, de una u otra manera, en los distintos auditorios: de qué pasado hablábamos, de cuál pasado había que deshacerse, por qué la historia tenía un signo negativo en nuestra visión cuando era uno de los orgullos y de las señas de identidad de México. Es un terreno movedizo, desde luego, y quisiéramos añadir algunas reflexiones al respecto, empezando por esta pregunta: ¿Qué hace que una sociedad que dice importarle más el futuro que el pasado (36 por ciento versus 20 por ciento, según la encuesta de GAUSSC), tenga un sistema educativo que produce niños mucho más orientados a la historia que a las ciencias y a las matemáticas (según las pruebas de ENLACE), o cuya universidad nacional titula a 188 licenciados en historia al año, y sólo 49 ingenieros petroleros?[32] Parte de la respuesta proviene de otro hallazgo de la encuesta de GAUSSC. Ese hallazgo es la ausencia de un futuro común en la cabeza de los mexicanos.

Quizá el tema central, el jeroglífico mayor, del momento actual de México resida en las consecuencias paradójicas de la diversidad democrática sobre la vieja fragmentación política y social antes atenuada, o disfrazada, por el manto autoritario. Lo ostensible en la encuesta es la ausencia radical de un sueño común a todos los mexicanos, junto con la división tajante entre "nosotros" y "los otros," entre "el gobierno" y "la gente", entre el "pueblo" y los "ricos", entre el individuo y su comunidad. Parecen rotos los lazos de confianza que van más allá del pequeño espacio individual, de los amigos y la familia.

---

[32] Andrés Oppenheimer, *¡Basta de historias!*, Debate, México, 2010, p. 18.

México no alberga un sueño claro, explícito, que sirva de guía y encamine los esfuerzos de todos los mexicanos; está pendiente de construirse.* La ausencia de sueño común quizás explique por qué la historia se vuelve por *default* la opción aglutinadora de la nación mexicana. Se ha repetido en tiempos recientes hasta la saciedad y con razón: lo que tenemos que celebrar en el Bicentenario es la formación de la nación mexicana, que en buena medida se debe a la fuerza que la narrativa de una historia común —simplista y maniquea, como todas las historias patrias— ha desempeñado en la educación pública desde Justo Sierra, a partir luego de los años treinta y, finalmente, con los libros de texto gratuitos en la segunda mitad del siglo XX. Nadie puede dudar de la

---

* Al intentar dar contenido a la idea del México deseable, las respuestas a la encuesta son dispersas: no hay una que logre más de 20 por ciento de las menciones, y que muestre que efectivamente hay una visión compartida. Si los entrevistados verbalizan la principal característica del México de sus sueños, con respuestas espontáneas, éstas son más un reflejo de la angustia que una visión ambiciosa del país con que se podría soñar.

eficacia y la utilidad de esta narrativa unificadora en una sociedad desigual y diversa, desgarrada por fuerzas centrífugas desde tiempos inmemoriales. Tampoco parece discutible que el recurso a la historia es un instrumento simple, de rendimientos decrecientes, incluso adversos, que debería haberse sustituido tiempo atrás.

El reemplazo natural sería, obviamente, un sueño común, una visión compartida de futuro, la imaginación colectiva de un país donde todos quepan y todos piensen que pueden llegar. Esta visión no existe; en su lugar hay el gran silencio narrativo de hacia dónde va el país del que hablábamos en *Un futuro para México*, un enorme vacío ideológico y lírico gracias al cual es la historia la que vuelve por sus fueros. El discurso público y los imaginarios nacionales tienen horror al vacío, lo mismo que el poder. Ya que México es incapaz de construir un vigoroso nuevo sueño colectivo, no le queda sino la historia para llenar el hueco. La incapacidad de construir una nueva narrativa y la persistencia subsidiaria del pasado tienen un doble costo cultural en el ánimo público: la sociedad no halla un mapa de rutas claras para el cambio, y se aferra a lo anacrónico como tabla de salvación ante la incertidumbre. Es la historia simbólica perceptible detrás de tantas defensas de "derechos adquiridos", leyes obsoletas, mercados capturados, pirámides de intereses inamovibles, poderes fácticos y hábitos clientelares que forman el corazón esclerótico pero intocable de México.

Lo extraño en todo este panorama conservador, enamorado del pasado, es que hay cimientos para una nueva narrativa. Otra vez: la realidad es tan cercana que olvidamos verla. Lo cierto es que en medio del griterío democrático, en las raíces mismas del mal humor, la crítica y la queja que dominan la opinión pública, puede detectarse ya un consenso de la inmensa mayoría de los mexicanos en torno a temas fundamentales, en realidad: fundacionales, nacidos del cambio de los últimos 25 años. No bastan esos consensos para construir la narrativa o el sueño común que necesitamos, pero son mucho más que un embrión o un pie de cría.

Primero: los mexicanos de hoy aceptan que el poder político sólo se gana y se pierde en las urnas. Segundo: aceptan como principios no negociables las libertades individuales básicas, los derechos humanos fundamentales y la ausencia de represión como norma general de conducta del gobierno, ni siquiera bajo circunstancias extremas. Tercero: aceptan que vivimos en una economía de mercado, donde las cosas se compran y se venden al precio que cuestan, y donde a unos les va bien y a otros no tan bien, pero donde hay más oportunidades que en otros esquemas. Cuarto: han dejado de luchar contra el hecho de estar insertos en la economía global, asumen que nuestra economía está y debe seguir estando abierta, que la protección del pasado es inviable y poco deseable. Quinto: comparten la convicción de que debe haber una política social de algún tipo, que los mexicanos menos favorecidos necesitan y merecen un apoyo que sólo puede provenir del estado y de la solidaridad de los demás.

Puesto todo junto, tenemos una sociedad que cree en la democracia, en las libertades y en los derechos humanos fundamentales, en la economía de mercado abierta al mundo y en la necesidad de una política social de amplio espectro. Estos puntos de acuerdo constituyen, creemos, la base de un sueño común moderno. No bastan para armarlo por completo y quizá son demasiado abstractos, carecen de la música y la épica de la que están hechos los sueños colectivos, pero son, qué duda cabe, una plataforma sobre la cual construir, una plataforma de valores nuevos en nuestra historia y con amplios espacios abiertos al futuro de México.

La base social cada vez más visible de este consenso es el número creciente de mexicanos que se parecen cada vez más entre sí, no en sus sueños, pero sí en su nivel y esperanza de vida, su educación, sus opciones políticas, sus aspiraciones inmediatas, sus hábitos de entretenimiento y su consumo, sus prácticas cotidianas y su comportamiento sexual, alimenticio, deportivo, familiar y social. Son los clasemedieros de los que hablan Rubio y De la Calle, que mencionamos páginas atrás, y que son el ingrediente indispensable para un sueño común: un soñador colectivo mayoritario.

5. La posibilidad del cambio

Nada suscitó tantas preguntas, ironías y genuina curiosidad en todo nuestro periplo como la cuestión de la eficacia de nuestra propuesta: cómo materializar los cambios esbozados en *Un futuro para México*, si quienes deben acordarlos son los mismos que los obstruyen: políticos, partidos, poderes fácticos, pirámides de interés fincadas en el pasado. Cómo lograr que quienes pueden hacer los cambios los hagan aun a costa de sí mismos, que los actuales beneficiarios del poder realicen las reformas que pueden beneficiar a México, aunque afecten sus intereses.

La respuesta que fuimos dando y construyendo a lo largo de decenas de intercambios acabó siendo dual: los cambios se lograrán por persuasión de las élites y por presión de los ciudadanos, ayudados ambos por la incontenible marea de la historia moderna que llamamos globalización. Nuestra estrategia también es doble: plantear una agenda a los políticos profesionales para suscitar o cotejarla con la suya, e impulsar en la sociedad civil y en la opinión pública a nuestro alcance la exigencia de una agenda moderna venida hacia los políticos desde la sociedad.

Conforme se acerca la cita nacional con las elecciones de 2012 y la elección presidencial, ambos caminos alcanzan *momentum* y empiezan a aparecer preguntas y exigencias al respecto, al menos en el ámbito de las élites. No era otro el horizonte práctico de *Un futuro para México*: inducir un debate sobre la agenda nacional para las elecciones de 2012. Buscábamos imprimirle un sello programático a la sucesión presidencial, a sabiendas, por supuesto, que en las democracias modernas el carisma y la estructura partidista pesan enormemente. Pero pensábamos —y estamos más convencidos que nunca— que si en 2012 se repite la experiencia del 2000 y el 2006 —dos plebiscitos: sacar al PRI de Los Pinos, y evitar la llegada de AMLO a Los Pinos— el país difícilmente podrá dejar atrás su actual sensación de parálisis. La tentación para los candidatos de disimular sus proyectos —suponiendo que los tengan— es grande; la necesidad de obligarlos a asumir una agenda —la que sea— es imperativa.

El país está harto de la inmovilidad y el desacuerdo de sus políticos. El costo de ese hartazgo ha sido y es muy alto para la clase política, que goza de los más bajos niveles de estima que ha tenido en mucho tiempo. En ese hartazgo hay el caldo de cultivo de unas elecciones presidenciales donde no sólo estarán en juego los *spots* y los *slogans* de los candidatos, sino una presión enorme respecto de su proyecto, su compromiso de país. Es perceptible en la opinión pública una creciente, a menudo insolente, intolerancia hacia la mediocridad de resultados de su clase política, sus excusas, sus empates, sus bloqueos, sus no me dejan, sus ellos tienen la culpa. Es el hartazgo de la Generación del No, de la generación del fracaso, de la partidocracia monopólica, de las élites políticas que mandar no pueden y colaborar no quieren.

Las disyuntivas de la clase política ante esta ciudadanía exigente y harta, un tanto neurótica y un mucho soliviantada, no son muchas: tienen que responder a lo que les piden. Durante nuestro periplo por el nuevo México urbano, por el México regional emergente, vimos una clase política mal llamada de "provincia", pero cada vez menos provinciana, más sofisticada, más dinámica y abierta, y a la vez más alejada del centro, de la Ciudad de México, sus estilos y sus mandatos. Se trata de una clase política que empieza apenas a superar la brecha abismal que hay entre los instrumentos de la administración pública moderna, y los usos y costumbres de la "política-política", que tanto daño le ha hecho al país, desde el gobierno central, en el pasado. Gobernadores, secretarios de gobierno y de finanzas, ex gobernadores recientes y líderes locales de los partidos ya no son "políticos puros" a la antigüita, pero tampoco "tecnócratas" neoliberales a la moda. Conocen su estado, entienden de la sustancia de los retos, buscan ser populares, imponer a sus sucesores, consentir a sus adeptos, tener en la bolsa a los medios estatales y a la comunidad empresarial local. El que más, el que menos, acaban ocupando buena parte del espacio público y abrumando a sus competidores. Se solía decir que el sueño de todo político mexicano era ser gobernador de su estado, y sin duda sigue siendo cierto; pero de ahí a catapultarse a la política nacional en la Cámara de Diputados o el Senado, o a una embajada o consulado, o a una subsecretaría o una de las pocas "descentralizaditas" (en honor al dicho del tío de uno de los autores) que quedan, hay un gran trecho. Los líderes estatales ya no quieren. Prefieren, en muchos casos, mantener el control de su estado, de sus negocios, de su prestigio y popularidad locales, y dejar la política nacional a otros: los burócratas de la Ciudad de México.

En buena medida, por todo ello, apenas hubo ciudad de alguna importancia donde no viviéramos el malentendido de que cuando proponíamos fortalecer democráticamente al gobierno federal, la gente oyera que estábamos proponiendo algo parecido a los gobiernos locales fuertes que padecen. La respuesta es que sólo un gobierno federal fuerte puede contrarrestar la increíble fuerza y autonomía alcanzadas, para bien y para mal, por los gobiernos locales de México. La clase política regional refleja las ambivalencias de la estructura "feuderalista" a que nos hemos referido ya. Por un lado el estilo de los cacicazgos priístas de antes, que reproducen a nivel estatal los peores vicios del viejo régimen autoritario; por otro lado, su picardía, su simpatía y su habilidad incontrovertibles. Por un lado, los panistas ya con colmillo, y los gobernantes perredistas casi todos provenientes del PRI (Amalia García es quizás la única excepción), con su modernidad, en muchos casos su juventud, su frescura y sofisticación cosmopolita; por otro lado, su imitación/asimilación de las inercias del corporativismo, la perversa relación con Hacienda y con el centro, y la incapacidad institucional de lidiar con los dos ejes de todo gobierno: cobrar impuestos y aplicar la ley.*

---

* Mientras que la violencia e inseguridad domina la angustia sobre el país (47%), cuando se pregunta por el princi-

Pero esta clase política, escindida entre su casi omnipresente modernidad y su arcaísmo innegable, también sufre otra fractura: la de la angustia de los ciudadanos de cada localidad por mil razones, pero quizás, como lo muestra la encuesta de GAUSCC, sobre todo por la falta de resultados tangibles en materia económica y seguridad. Hay una enorme fractura entre los mexicanos de a pie y sus clases dirigentes. Circula por una vía del país una ciudadanía terriblemente angustiada, deprimida, descontenta, por motivos que no terminan de justificarse en los hechos. Y por otra vía ambula una clase política incapaz de brindarle los satisfactores —o al menos los ansiolíticos— que la ciudadanía demanda. En la encuesta referida, temas como la inseguridad, la violencia, el narco y la delincuencia aparecen muy abajo como temas de preocupa-

---

pal problema para ellos y su familia, sólo 13 por ciento de la población cree que es la inseguridad y cuatro por ciento menciona al narcotráfico. Mientras que 49 por ciento habla de temas relacionados con su situación económica (la pregunta textual es: Actualmente, ¿cuál es el problema más importante para usted y su familia?)

ción o indignación que afecte la expectativa de calidad de vida de la mayoría. Pero en los medios, las sobremesas, los debates en diversos foros y las conversaciones individuales, la histeria por los secuestros, el derecho de piso, las balaceras y los asaltos son casi el único enemigo a vencer. En frío, los mexicanos le restan importancia; en la interlocución, la exageran.

Se antoja difícil que gobernantes y políticos puedan responder a estas ambigüedades, hijas también del hartazgo y de la falta de un piso común en las demandas ciudadanas. Si la gente quiere agua potable, alcantarillado, vivienda o transporte público decente, los gobiernos pueden responder; si exigen algo etéreo, intangible, indefinible, los responsables políticos se pasman, y con toda razón. Cierto grado de esquizofrenia en materia económica también resulta inmanejable: los mexicanos sienten que su situación es peor que antes, aunque objetivamente no lo es. Creen encontrarse sistemáticamente en una situación personal mejor que la del país, aunque no se entiende de qué país peor puede venir una mejor situación para la mayoría de sus ciudadanos. La desconfianza en la vida pública y la angustia multiplicada por la percepción de la inseguridad obnubila a los ciudadanos de a pie. Reducirla, como quisiéramos a veces, a la simple miopía, o a la incomprensión o manipulación por la demagogia indiscutible de diversos líderes políticos, equivale a un error analítico, político y sobre todo cultural. El México que vimos vive angustiado, pero al igual que con el fóbico a quien sus amigos o familiares le aclaran que las ratas (el Hans de Freud) o las arañas o las palomas en realidad no hacen daño, es completamente inútil explicarle a la gente que su angustia es mayor que el fundamento de ésta. Existe, punto, y tiene un solo remedio: el liderazgo didáctico de los políticos nacionales, hasta hoy tristemente incapaces de ejercerlo.

He aquí no sólo otro rasgo del México que vimos, sino uno de los más problemáticos: la increíble fractura de los mexicanos con sus élites dirigentes, en particular con su clase política, pero también con los poderes fácticos. Junto con el temor al gobierno fuerte —fantasma del pasado, origen del diseño institucional de gobiernos débiles— y junto con la renuencia de las élites políticas a asumir posiciones claras ante disyuntivas difíciles, se abre en la vida política un abismo temible: el que hay entre las aspiraciones más concretas e inmediatas de la sociedad y las decisiones de grandes cambios que pueden colmarlas.

Ejemplo: en la encuesta de GAUSCC resulta que más mexicanos piensan en "lo básico para vivir con tranquilidad" (58 por ciento) que los que quieren que México sea una potencia mundial (un *proxy* de "integrado al mundo", 42 por ciento), sin comprender que lo primero no es posible sin lo segundo. Incomprensión procedente de la ignorancia y la falta de esfuerzo didáctico del liderazgo: nadie les explica.

Este desfase resulta peor aún en la brecha entre cambios institucionales y preocupaciones cotidianas. A la gente le cuesta un enorme trabajo, y con razón, detectar el nexo entre la reelección de legisladores, o la segunda vuelta presidencial, o el referéndum, o las candidaturas independientes, y su salario, su seguridad, la escuela de sus hijos y la calidad y dimensión de su vivienda. En un país sin tradición democrática (no de lucha social o política, que son cosas distintas), sólo un enorme esfuerzo pedagógico puede voltear la tortilla, y sólo lo puede realizar, en los hechos, el presidente, el único con la voz que escuchan todos los mexicanos. No puede solo: sin los poderes fácticos en los medios, los sindicatos, los partidos, las empresas, se trata de una tarea titánica. Pero tiene que empezar en Los Pinos.

Dicho malestar profundo en la cultura política mexicana, esta fractura impresionante entre los ciudadanos y sus políticos, este hartazgo por la parálisis, el fracaso, las zancadillas de la Generación del No, se da en el cauce de un país que ha entrado con las puertas abiertas al gran río de la globalización, cuyo puerto de arribo no puede ser el naufragio, ha de ser la modernidad. México es un país cuya simple inercia gravitatoria en su irreversible contacto con el mundo, lo pone en la orilla y en la urgencia de un salto modernizador. ¿Cómo se resolverá el problema político de ese salto a la modernidad que parece el futuro inminente de México? Pensamos que por un proceso similar al que indujo el salto hacia la vida democrática de las dos últimas décadas del siglo XX: convirtiendo la modernidad en un clamor nacional parecido al que hizo nacer la transición a la democracia.

México es un país que se cae de maduro para ello. Se piensa a sí mismo con cabeza chica y vieja como un país débil, pobre, heroico para consumo propio, condenado al fracaso político, al estancamiento económico y al laberinto de la ilegalidad. Como dijimos al principio de este ensayo, es un país ballena que se siente un ajolote. Lo cierto es que su tamaño humano y su intimidad cultural han cambiado extraordinariamente en el último siglo.

Veamos el tamaño humano. En 1910, México tenía 15 millones de habitantes. Estados Unidos tenía 92 millones. México era la sexta parte de Estados Unidos. México tiene hoy 110 millones de habitantes. Estados Unidos 310.[33] La población estadunidense ya no

---

[33] La cifra de población en México en 1910 es del INEGI, "Estadísticas Históricas de México", comunicado número

es seis sino menos de tres veces mayor que la de México.

Veamos la intimidad cultural. De los 15 millones de habitantes que México tenía en 1910, unos 7 millones eran analfabetas y unos 6 millones indígenas monolingües. Había una lengua dominante, el español, pero no una lengua común. El país de 1910 era todavía una asamblea de naciones: un territorio de Babel. México es hoy una nación de 110 millones de habitantes, la inmensa mayoría de los cuales son alfabetos y hablan español. Este rasgo de cohesión cultural no había existido antes en su historia.

008/10, Aguascalientes, México, 13 de enero de 2010, p. 2, http://www.inegi.org.mx/inegi/contenidos/espanol/prensa/boletines/boletin/comunicados/especiales/2010/enero/comunica.doc; y la de la población de Estados Unidos en 1910 proviene del U.S. Census Bureau, "Population of the United States, exclusive of outlying possessions", 1910 United States Census, p. 22, http://www2.census.gov/prod2/decennial/documents/36894832v1ch02.pdf

La cifra de la población de Estados Unidos en 2010 proviene del U.S. Census Bureau, "U.S. & World Population Clocks", Estados Unidos, noviembre 2010, http://www.census.gov/main/www/popclock.html

Creemos que el país ballena terminará imponiéndose sobre nuestra cabeza de ajolote a caballo de su extraordinaria vitalidad. La vitalidad del pueblo de México tiene que ver con su juventud y con los buenos impulsos de su naturaleza. La naturaleza de los pueblos no existe, desde luego, es una historia, de modo que algún historiador tendrá que explicarnos alguna vez por qué el pueblo de México, que en la cabeza de ajolote de sus élites no tiene sino calamidades y desgracias que purgar, en su vida diaria colectiva es tan llana y vivamente trabajador, tan dispuesto a progresar a cualquier precio, y a pagar cualquier precio para progresar.

A quienes nos preguntaban durante nuestra gira, una y otra vez, con escepticismo reiterado, de dónde sacábamos que México podrá ser algún día el país próspero, equitativo y democrático que proponemos, solíamos responder que ese país ya tiene medio cuerpo entre nosotros, aunque no sepamos verlo ni demos los pasos para acabarlo de parir. México es un país más próspero, o menos pobre, que nunca en su historia. Nunca ha tenido un ingreso *per cápita* mayor que el que tiene hoy: 13 mil 200 dólares en poder de compra, cifra todavía lejana de la de un país próspero (25 mil y más) y sólo la cuarta parte de Estados Unidos (47 mil), pero la más alta riqueza *per cápita* que hayamos tenido nunca.[34] Si hacemos caso al historiador John Coatsworth, la desproporción de la riqueza *per cápita* entre México y Estados Unidos no ha cambiado mucho desde 1850. Era cuatro y media veces en 1850 (32 dólares México, 132 Estados Unidos) y es cuatro veces hoy (13 mil a 50 mil).[35]

México también es hoy un país menos pobre que nunca en su historia. El continente de su pobreza es todavía gigantesco, pero no es del tamaño que vio Humboldt en la Nueva España de 1808, ni de la del país rural de principios del siglo XX. La diferencia la hacen hoy

---

[34] Ambas cifras del ingreso *per cápita* en dólares PPP provienen de CIA World Factbook, "Country Comparison: GDP-Per Capita (PPP)", CIA, Estados Unidos, noviembre de 2010, https://www.cia.gov/library/publications/the-world-factbook/rankorder/2004rank.html

[35] "La independencia que no fue", *nexos*, septiembre 2002.

los millones de mexicanos que no son pobres: 60 o 70 millones de gentes, miembros todos de las incipientes, naufragantes o consolidadas clases medias urbanas que México no empezó a tener sino en la segunda mitad del siglo XX.

¿De dónde saldrá lo que falta para el parto? Del mismo lugar de donde salió la democracia: de la cabeza, del hartazgo y de la exigencia de los mexicanos.

Democracia nunca habíamos tenido hasta finales del siglo XX. Es la novedad absoluta de nuestra historia. En 1980 parecía impensable la idea de tener no una vida democrática, siquiera una derrota electoral del PRI. Daba risa pensarlo. Sucesivos errores de gobiernos priístas hartaron a la gente y en el curso de los ochenta se instaló en la cabeza de la nación la exigencia no negociable de un cambio democrático. De pronto el país no pidió ni estuvo dispuesto a aceptar de sus gobernantes nada menos que elecciones libres. Las tuvo en el año 2000.

Creemos que bajo el enorme malestar ciudadano que caracteriza la vida pública de México, bajo la gran queja mexicana sobre la baja calidad de su presente, crece la hierba fresca de un nuevo reclamo nacional no negociable: el de acabar de parir el país próspero, equitativo y democrático que deseamos. Cuando se acabe de imponer en la cabeza de México que no quiere de sus dirigentes nada menos que un país moderno y serio, el país moderno y serio llegará, como llegó la democracia.

Sacar al PRI de Los Pinos fue el grito del año 2000. Llevar a México a la prosperidad, la equidad y la democracia eficaz debe ser el clamor de 2012. No queríamos en 2000 nada menos que la democracia. No deberíamos querer en 2102 nada menos que la prosperidad.

Apéndice

En este apéndice, se apresentan algunos de los resultados del estudio *Sueños y aspiraciones de los mexicanos*, realizado por GAUSSC y LEXIA para la revista *Nexos*. Los resultados amplios del estudio se pueden consultar en *Nexos*.

La encuesta tiene las siguientes características:

Diseño del cuestionario: 98 reactivos sobre la base de un estudio cualitativo de lexia (entrevistas a profundidad y *open groups*).

Representatividad: Nacional. Población en viviendas mayor de 15 años.

Técnica: Cara a cara en viviendas.

Tamaño de muestra: 1794 casos efectivos (3 839 contactos).

Margen de error: ± 2.4% al 95% de confianza.

Selección de la muestra: Polietápico estratificado. Se seleccionaron: 1) 150 puntos de levantamiento urbanos y rurales en proporción a la población urbana y rural de cada estado; 2) 5 manzanas; 3) 10 viviendas. Se entrevistó a un individuo mayor de edad aplicando cuotas de edad y sexo representativas de la población. En dos viviendas en cada sección se entrevistó a un menor de edad.

Estimaciones: Los resultados están ponderados de acuerdo a la población total, por género y edad, para cada entidad federativa según el Conteo Nacional de Vivienda 2005, INEGI.

Fecha de levantamiento: del 24 al 26 de septiembre de 2010.

Propuestas de futuro: antimonopolios

¿Qué tan de acuerdo está usted con la desaparición de los monopolios públicos y privados?

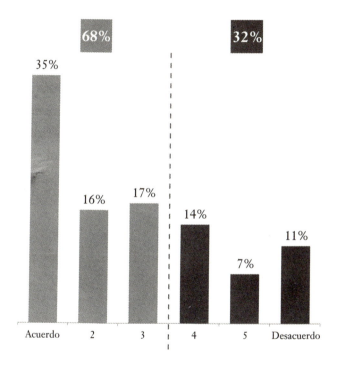

Los matices al acuerdo se dan en los siguientes grupos:

- Las edades de 50 o más años tienden a estar más en desacuerdo que el resto.

- Los habitantes de zonas urbanas también tienden a estar más en desacuerdo que la población rural.

- En el norte están menos de acuerdo, mientras que en el centro tienden a estar más de acuerdo.

- Los no bancarizados tienden a estar más en desacuerdo.

Propuestas de futuro: IVA para pagar pensión universal

¿Qué tan de acuerdo está usted con el aumento al IVA en medicinas y alimentos para poder dar pensión universal a todos los mexicanos?

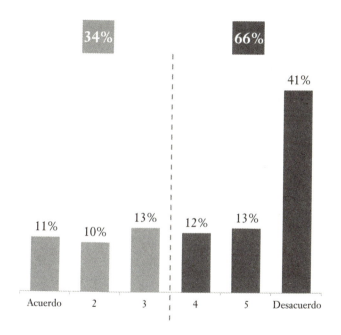

Los matices se dan entre:

- El nivel socioeconómico alto tiende a estar menos de acuerdo; mientras que el nivel bajo tiende a estar más de acuerdo.

- En el norte tienden a estar más en desacuerdo que en el resto del país.

Propuestas de futuro: reelección

¿Qué tan de acuerdo está usted con la reelección de algunos puestos de elección popular para que los buenos sigan y los malos se vayan?

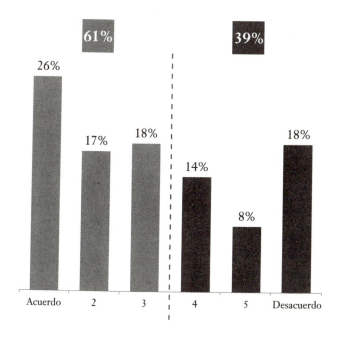

Aunque la mayoría está de acuerdo, hay algunas diferencias:

- Los adultos de 50 o más tienden a estar menos de acuerdo.

- La población urbana tiende también a estar más en desacuerdo que la población rural.

- En el centro es en donde se está más en desacuerdo.

- Quienes reciben remesas también están más en desacuerdo.

Propuestas de futuro: inversión privada en electricidad y petróleo

¿Qué tan de acuerdo está usted con la inversión extranjera y nacional privada minoritaria en sectores estratégicos como electricidad y petróleo?

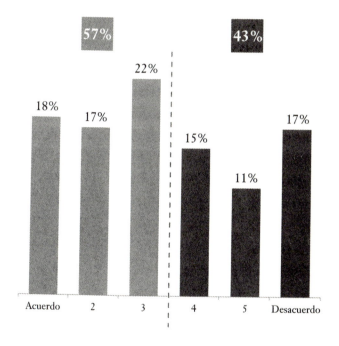

Las diferencias en la opinión a favor de la inversión privada en sectores estratégicos se dan entre:

- Los hombres tienden a estar más de acuerdo.

- El norte tiende a estar más de acuerdo, mientras que el centro en desacuerdo.

- Los bancarizados están más de acuerdo, así como quienes reciben remesas.

- Los no bancarizados y quienes no reciben remesas tienden a estar en desacuerdo.

Fuera de la familia y amigos ¿en quién se confía?

Vamos a plantear una situación hipotética: Si tuviera que confiarle a alguien, que no sea de su familia, el futuro de sus hijos (los tenga o no), ¿a cuál de los siguientes personajes se los confiaría?

	Sí se los confiaría	Nunca se los confiaría
Maestro	22%	2%
Médico	21%	1%
Cura/Ministro/Pastor	21%	8%
Soldado	7%	9%
Presidente	6%	8%
Empresario	5%	3%
Juez	4%	4%
Actor	3%	5%
Banquero	3%	3%
Periodista	2%	4%
Policía	2%	17%
Diputado	1%	13%
Político del PRI	1%	7%
Político del PAN	1%	5%
Político del PRD	0.3%	7%
Ninguno	2%	4%

Pasado y futuro

A los mexicanos nos importa más el pasado ← | → **A los mexicanos nos importa más el futuro**

Totalmente de acuerdo ← | → Totalmente de acuerdo

							1 + 2	5 + 6
Nacional (100%)	6%	14%	19%	25%	18%	18%	20%	36%
Hombres (48%)	6%	12%	19%	28%	16%	19%	18%	35%
Mujeres (52%)	6%	15%	19%	23%	21%	17%	20%	37%
15 a 17 (9%)	6%	15%	21%	24%	16%	18%	21%	34%
18 a 24 (19%)	4%	12%	16%	27%	18%	22%	16%	40%
25 a 34 (23%)	7%	19%	19%	23%	20%	19%	19%	39%
35 a 49 (26%)	6%	13%	22%	23%	19%	16%	20%	35%
50 o más (23%)	7%	16%	17%	28%	17%	15%	22%	32%
AB/C+ (21%)	5%	16%	17%	29%	14%	19%	21%	33%
C (18%)	5%	11%	22%	25%	20%	17%	16%	36%
D+ (39%)	5%	10%	19%	24%	22%	20%	15%	42%
D/E (22%)	7%	16%	17%	25%	18%	17%	24%	35%
Norte (31%)	8%	14%	14%	23%	21%	21%	22%	41%
Centro (46%)	5%	14%	25%	25%	15%	16%	19%	31%
Sur/Sureste (23%)	5%	12%	16%	27%	22%	18%	17%	40%
Urbano (76%)	6%	14%	21%	24%	18%	18%	20%	35%
Nacional (100%)	6%	11%	15%	29%	21%	19%	17%	40%
Bancarizado (50%)	6%	16%	21%	24%	17%	16%	22%	33%
No Bancarizado (50%)	6%	12%	18%	26%	19%	19%	18%	38%
Recibe remesas (14%)	9%	8%	18%	25%	13%	27%	16%	41%
No recibe remesas (86%)	5%	14%	19%	25%	19%	16%	20%	35%

Diferencias significativas mediante prueba Z de comparación de proporciones: significativamente mayor | menor →

No hay diferencias en el orden por grupos: en todos se confía más en maestros, médicos y ministros de culto. Algunas diferencias son:

- Los hombres tienden a confiar más en el presidente que las mujeres, mientras que las mujeres más en los ministros de culto que los hombres.

- Por edad, ocupación o estrato rural y urbano no hay diferencia significativa.

- Los niveles socioeconómicos altos confían menos en los ministros de culto; mientras que los niveles bajos confían más en estos personajes.

- Las clases medias típicas tienden a confiar más en los maestros que el resto; las altas en empresarios y las populares confían más en los jueces que los otros niveles. No cambia el orden general.

- Por región se tiende a confiar más en los soldados en el norte; mientras que en el sur sureste en los ministros de culto.

Lo deseable para México más allá de las angustias

De las opciones que aparecen en esta tarjeta, para usted, y pensando en el futuro, ¿cuál es el rasgo que más desea que tenga México?, ¿y en segundo lugar? Un México...

Pregunta cerrada

Justo	18%
Honesto y respetuoso de la ley	15%
Educado	14%
Igualitario	12%
Desarrollo económicamente	10%
Con lo básico para vivir tranquilos	8%
Solidario con los que menos tienen	8%
Que cuide el medio ambiente	7%
Que cuide a sus niños	3%
Sano	3%
Que cuide a sus ancianos	1%
Integrado al mundo	1%

El orden de los rasgos deseables se mantienen en general. Algunas diferencias por grupo son:

- Los niveles altos tienden a decir más "desarrollado económicamente" (lo ponen en segundo lugar). Los niveles socioeconómicos bajos tienden a decir que México sea más que los otros.

- La población rural dice como primer lugar "honesto y respetuoso de la ley". También tienden a decir más que los urbanos "con lo básico para vivir tranquilos". Los urbanos tienden a decir más "desarrollado económicamente".

- En el centro del país tienden menos a decir "justo" (segundo lugar) y dicen en primer lugar "honesto y respetuoso de la ley".

Preocupación en lo personal

Actualmente ¿cuál es el problema más importante para usted y su familia?

Crisis económica / Alza de precios / Inflación	29%
Corrupción / Impunidad / Falta de respeto a la ley	15%
Inseguridad / Delincuencia común	13%
Pobreza	10%
Desempleo / Falta de empleo / Mejores empleos	10%
Salud / Problemas de salud / Acceso a la salud	5%
Educación / Falta de escuelas / Mala calidad	4%
Narcotráfico / Violencia del narco	4%
Sequía / Falta de agua	1%
La falta de servicios (como luz, drenaje, transporte)	1%
Vivienda / Tener casa / Mejorar mi casa	1%
No contestó	7%

Tener lo básico para vivir tranquilos y ser potencia mundial

Pensando en el *México* del futuro ¿qué es lo que más le gustaría que sucediera?

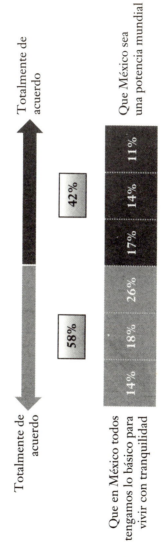

Este libro terminó de imprimirse en diciembre de
2010 en Editorial Penagos, S.A. de C.V., Lago Wetter
num. 152, Col. Pensil, C.P. 11490, México, D.F.